espedol lengua ex

CURSO PRÁCTICO

ejercicios

nivel

A. González Hermoso
M. Sánchez Alfaro

edelsa
GRUPO DIDASCALIA, S.A.
Plaza Ciudad de Salta, 3 - 28043 MADRID - (ESPAÑA)
TEL.: (34) 914.165.511 - FAX: (34) 914.165.411

Ejercicios gramaticales:

© Unidades 1-2-3, página 7: Texto "Artesanía contra el calor", de Luis Sastre. Periódico El País.
© Unidad 5, página 14: Texto "Insectos". Periódico El País.
Página 14: Anuncio del Diccionario enciclopédico Espasa Junior. Editorial Espasa Crédito, S.A.
© Unidad 6, página 18: Resumen del argumento de la película "Montoyas y tarantos". Revis
Supertele (Editorial Hachette).
© Unidad 9, página 26: Poema "La voz a ti debida", de Pedro Salinas. Antología del Grupo Poético c
1927. Editorial Cátedra.
© Unidad 10, página 31: Texto "Correos" de Marisol Guisasola. Periódico El País.
© Unidad 17, página 49: Poema "Soria", de Gerardo Diego. Antología del Grupo Poético de 192
Editorial Cátedra.
© Unidad 19, página 57: Extracto de "Las medias de los flamencos", publicado en "Cuentos de
selva", de Horacio Quiroga. Colección Trebol. Editorial Gaviota. Madrid 1990.
© Unidad 25, página 69: Texto y eslogan utilizados por la Dirección General de Tráfico en campaña c
prevención de accidentes. Ministerio del Interior.
© Unidad 26, páginas: 70 y 71: Anuncio de Atlas New Holiday System. S.L.
Página 71: Anuncio de La Casa de Marie Claire. GMJ.
Páginas 72 y 73: Texto "Luis Buñuel", de Javier Martínez Laquidain.
© Unidad 30, página 77: Texto "Un disfraz, una personalidad", de Ana Marcos. Periódico El País.
© Unidad 31, páginas 80 y 81: Texto "El turista camuflado", de José Bendaham. Periódico El País.
© Unidades 32-33, página 86: Extracto de "Cómo ser una mujer y no morir en el intento", de Carme
Rico-Godoy. Ediciones Temas de hoy, Colección El Papagayo.
© Unidad 35, página 90: Extracto de "Cómo ser una mujer y no morir en el intento", de Carmen Ric
Godoy. Ediciones Temas de hoy, Colección El Papagayo.

Ejercicios comunicativos

© Unidad 2, página 97: Texto "Ciudad Real", de Isabel Gallo. Periódico El País.
© Unidad 3, página 100: Texto "Dime cómo veraneas", de Ana Marcos. Periódico El País.
© Unidad 4, página 103: Texto "Los diez mandamientos verdes". Periódico El País.
© Unidad 9, páginas 116 a 118: Anuncio de RENFE, texto "Segovia", plano de Madrid y texto "Parqu
y jardines de Madrid", extraídos de un folleto del Patronato Municipal de Turismo de Madrid.

© A. González Hermoso, M. Sánchez Alfaro.
© EDELSA Grupo DIDASCALIA, S. A.

Cubierta y maquetación:
Departamento de Imagen EDELSA.
Diagramación, fotocomposición y filmación:
Servicios Editoriales Crisol S. A.

Primera edición: 1994
Primera reimpresión: 1994
Segunda reimpresión: 1995
Tercera reimpresión: 1997
Cuarta reimpresión: 1998
Quinta reimpresión: 1998

I.S.B.N.: 84-7711-075-1
Depósito legal: M-43801-1998
Imprime: Rogar.
Encuaderna: Perellón.

PRESENTACIÓN

- Estos **270 ejercicios gramaticales**
  y
  100 ejercicios comunicativos
  forman parte del **CURSO PRÁCTICO**, integrado por:

  - Una **GRAMÁTICA DE ESPAÑOL LENGUA EXTRANJERA**
    con dos entradas:
    - **normas**
      y
    - **recursos para la comunicación.**

  - Tres **CUADERNOS DE EJERCICIOS** en tres niveles:
    - 1. principiante,
    - 2. intermedio,
    - 3. avanzado.

  Cada capítulo tiene 10 ejercicios y remite –como lo indica su nombre y número– a capítulos correspondientes de la **GRAMÁTICA** (véase **ÍNDICE**).
  - Un cuadernillo, **CLAVES**, que contiene las soluciones a los tres niveles de ejercicios.

- **Como ejercicios de refuerzo y profundización son compatibles con otros métodos o gramáticas y también pueden utilizarse como elementos de práctica independiente.**

- Uno de sus objetivos es potenciar el autoaprendizaje.

Los autores

NIVEL 3 / ÍNDICE

Ejercicios Gramaticales

Ejercicios Comunicativos

● ● ●

Ejercicios gramaticales

*E*l alfabeto.
Signos ortográficos. Reglas de acentuación

1. **Pon todos los signos de puntuación que falten desde "El lenguaje del abanico era somero..." hasta el final de esa parte del texto:**

Artesanía contra el calor

El pai-pai perfeccionado que trajeron los portugueses de sus correrías por India y China, el famoso *avanillo* para las damas —y también para los caballeros—, se convirtió en imprescindible en la corte de Felipe II y, después, en todas las cortes europeas.

La moda, arraigada gracias a los Austrias, fue enriquecida y dominada por los Borbones. La cabritilla y la tela hispana fueron sustituidas por ricas sedas, papeles con paisajes —países— grabados, hasta por plumas de avestruz y de pavo real recargadas con piedras preciosas, a las que recortó vuelos la Revolución Francesa, porque, según explicaba una dama, las mujeres ya no se ruborizaban y ya no necesitaban grandes abanicos para taparse la cara. Había abanicos decorados con motivos y partituras de cánticos revolucionarios, pero también se inventaron los llamados de *lorgnette,* que entre las varillas llevaban una lente para que las damas contemplasen, aumentados con discreción, a los bañistas del Sena. En Madrid, en la Puerta del Sol, tuvieron más éxito unos abanicos de aparente inocencia, pero que al trasluz permitían contemplar escenas de burdo erotismo. La Inquisición intervino, decretó la expulsión del importador francés y el encarcelamiento de las pobres vendedoras.

En España, a la colección de casi dos mil abanicos franceses que llegó a tener la reina Isabel de Farnesio sucedió la austeridad ilustrada de Carlos III, y de su tiempo son las piezas más escasas y, por consiguiente, más caras.

En el siglo xix, primero se imponen los abanicos llamados cristinos, en honor de la regente María Cristina, con escenarios románticos y festejos populares en sus países, y después los isabelinos, más grandes y lujosos, decorados con hazañas toreras y juergas flamencas, imprescindible prenda para ambos sexos en la corte de Isabel II. A veces llevaban espejos en las guías para que las damas pudieran contemplar a los caballeros que estaban a sus espaldas. De aquellos mismos tiempos son los llamados chinescos —importados de Filipinas— y los grandes pericones, con plumas de aves exóticas.

Entre un siglo y otro, el abanico reduce su tamaño y los países de tela o papel son sustituidos por gasas, encajes y sedas con flores pintadas por grandes maestros (Fortuny y Sorolla, entre otros), que les consagran como piezas de alta artesanía.

Texto de
Luis Sastre

LENGUAJE DE AMOR

Los abanicos fueron durante el siglo xix y hasta bien entrado el xx auténticos medios de comunicación social, especializados en despechos y encuentros. Disraeli comentó que «las españolas dedican a abanicarse las tres cuartas partes de su tiempo, y, con el abanico en la mano, son irresistibles y uno se vuelve loco con sus cariñosos abanicazos». El lenguaje del abanico era somero pero efectivo Un abanico cerrado en la mano derecha significaba que a la damita le gustaba el galán que la miraba Si el abanico tambien cerrado lo sujetaba con la mano izquierda nada habia que esperar pues estaba comprometida Si con el abanico se acariciaba la frente equivalia a pedir no me olvides Si con el abanico cerrado apuntaba al enamorado con el clavillo era un claro grito de os aborrezco Se podian enviar multiples mensajes no hay nada que hacer tengo que hablarte te amo y sufro te espero a las siete no me fio de ti etc

2. También los acentos escritos se han esfumado de esa misma parte del texto. Vuelve a ponerlos.

3. Clasifica las palabras del ejercicio 2 a las que les hayas puesto acento escrito y las dadas según su acentuación:

Festejos	Después	Austeridad	Importador	Enviar
Somero	Partituras	Efectivo	Auténticos	Isabel

a. Palabras terminadas en vocal, en N y en S, que llevan el acento tónico en la penúltima sílaba: ....

b. Palabras terminadas en consonante, excepto N y S, que llevan el acento tónico en la última sílaba:...

c. Las demás palabras llevan tilde en la sílaba donde se encuentra el acento tónico:..

4. Busca en el texto dos palabras más que puedas clasificar por su acentuación en cada uno de los grupos dados en el ejercicio anterior:

a. ....

b. ....

c. ....

5. Busca en el texto tres palabras más que te permitan continuar las siguientes series:

a. Inocencia, social, ...

b. Piedras, encarcelamiento,...

c. Escenarios, medios, ...

d. Puerta, vuelos, ...

6. Divide en sílabas las palabras del ejercicio 5 (las dadas como ejemplo y las que hayas encontrado):

a. ....

b. ....

c. ....

d. ....

7. Busca en el texto una palabra que contenga cada uno de estos diptongos:

a. **ei**: ....

b. **eu**: ....

c. **ua**: ....

d. **ai**: ....

e. **au**: ....

8.- **Ahora cuenta las sílabas de estas palabras:**

a. Fío. ....

b. Aquellos. ....

c. Consiguiente. ....

d. Maestros. ....

e. Correrías. ....

9.- **Subraya las sílabas que lleven el acento tónico:**

a. Abanico.

b. Otros.

c. Perfeccionado.

d. Social.

e. Grito.

f. Imprescindible.

g. Avestruz.

h. Madrid.

i. Motivos.

j. Mujeres.

10.- **Pon los signos de puntuación y los acentos que falten en estas frases:**

a. Que calor no se como puedes aguantar sin abanico

b. Tu te pasas a todas horas estas abanicandote

c. Cuanto cuesta este abanico y ese

d. Has pensado ya cual te gustaria comprarte

e. Me dijo este es para mi para mi coleccion personal

4 El artículo

Harás estos ejercicios más fácilmente si antes te lees GRAMÁTICA, Normas, Cap. 5, El nombre, pág. 30.

1. **Pon delante de cada palabra el artículo correspondiente: El / La:**

a. ...... abeja.

b. ...... águila.

c. ...... alerta.

d. ...... Rioja.

e. ...... hache.

f. ...... hacha.

g. ...... alza.

h. ...... hambre.

i. ...... alba.

j. ...... harina.

2. **Pon el artículo determinado, si es necesario, en estas frases:**

a. No me gusta nada la moda de ...... 60.

b. Mi padre trabaja en ...... Ministerio de ...... Hacienda.

c. Voy a echar ...... carta ésta a ...... Correos.

d. De ...... 9 a ...... 10, estaré en ...... clase de filosofía.

e. Es ...... casa de ...... que te hablé.

3. **Pon el artículo determinado o indeterminado cuando sea necesario:**

a. ¡Ya tenemos ...... coche nuevo!

b. Esa chica es ...... maleducada.

c. Esa chica está ...... maleducada.

d. Es ...... gran escritor.

e. ...... Tajo es ...... río ...... más largo de ...... España.

4. **Pon Un / Una cuando sea necesario:**

a. Llevo ...... hora esperándote.

b. Llevo ...... hora y ...... media leyendo.

c. Me lo ha dicho ...... tal Irene.

d. No me gusta ...... semejante tipo de gente.

e. Me resulta ...... tanto antipático.

5. **Transforma las frases según el modelo:**

> Ej.: **Es ridículo** comportarse así. ➡ **Lo ridículo es** comportarse así.

a. **Lo que es peor**, es no saber nada.

a. ....

b. **El carácter nervioso** de sus modales le desconcertó.

b. ....

c. **Es absurdo** que no quiera venir.

c. ....

d. **Me parece indignante** que me hable así.

d. ....

e. **Es difícil** conseguir entradas.

e. ....

6. Escoge entre El o Lo, según el sentido de la frase:

a. "Alto" es ...... contrario de "bajo".
b. Ahí está ...... bueno del asunto.
c. No le aguanto: siempre se está haciendo ...... importante.
d. Aquí ...... difícil es entenderse.
e. Ya ...... sé, y ...... que me ...... digas me trae sin cuidado.

7. Trata de encontrar los artículos que les faltan a estas frases:

a. En ...... vida hay momentos maravillosos que proporcionan ...... inmensa alegría. Y éste podría ser ...... de ellos.
b. ...... que os he contado es ...... caso de ...... persona en concreto, pero ...... mismo podría ocurrirnos a nosotros.
c. ...... que fabricamos dura toda ...... vida.

8. Transforma las siguientes frases introduciéndolas con la fórmula Por el (lo / los) ... que:

> Ej.: **Estaba tan nerviosa que** no pudo sacarse el carné de conducir. ➠ **Por lo nerviosa que estaba**, no pudo sacarse el carné de conducir.

a. **Eres tan inocente que** todos te engañan.

a. ....

b. **Ese viaje suponía tantos gastos que** decidimos no hacerlo.

b. ....

c. **Estaban tan preocupados que** no conseguían dormir.

c. ....

d. **Hacía tanto frío que** nos quedamos en casa.

d. ....

e. **Era tan torpe que** no pudo encontrar ningún trabajo.

e. ....

9. Lo / Todo. Haz frases según el modelo:

> Ej.: Conocer (yo) / todo ➠ Lo conozco todo.

a. ¿Decir (tú) siempre / todo?
a. ....

b. No poder (ellos) hacer / todo.
b. ....

c. Es un libro muy largo, ¿haber leído (Vd.) / todo?
c. ....

d. Ha venido el fontanero y arreglar (él) / todo.
d. ....

e. Pensar (yo) confesar / todo.
e. ....

10. Transforma las frases según el modelo:

> Ej.: Me gusta esta profesora. Enseña bien. ➠ ¡**Hay que ver lo bien que** enseña esta profesora!

a. Me encanta la voz de Raquel. Es muy agradable.
a. ....

b. Pablo no me cae bien. Es muy vanidoso.
b. ....

c. A esta niña la van a suspender. Estudia muy poco.
c. ....

d. Este ordenador me conviene: es muy fácil de manejar.
d. ....

e. Me entusiasma este museo. Es muy interesante.
e. ....

5 El nombre

1. Pon en femenino:

a. El yerno ....
b. El marido ....
c. El caballo ....
d. El padrino ....
e. El macho ....

f. El carnero ....
g. El gallo ....
h. El emperador ....
i. El héroe ....
j. El jinete ....

2. Pon en masculino únicamente los nombres que no cambien de sentido:

a. La frente ....
b. La espada ....
c. La estudiante ....
d. La barca ....
e. La pianista ....

f. La orden ....
g. La policía ....
h. La culpable ....
i. La guardia ....
j. La alcaldesa ....

3. Subraya los nombres que presenten la misma forma en masculino que en femenino:

Campesina	Artista	Actriz	Poetisa	Tenista
Gimnasta	Comunista	Cantante	Asistente	Alpinista

4. Pon en plural:

a. Se me ha roto el esquí.
a. ....

b. En esa pared no hay enchufe.
b. ....

c. ¿Se sabe ya la lección?
c. ....

d. ¿Habéis visto ya el menú?
d. ....

e. El jersey que has comprado es precioso.
e. ....

5. Pon en singular:

a. Se han rayado los parabrisas.
a. ....

b. Tenemos que preparar los sacacorchos.
b. ....

c. Podréis dormir en las camas-nido.

c. ....

d. Ha hecho los regímenes que le habían aconsejado.

d. ....

e. Para las tesis, hay que matricularse en junio.

e. ....

6. **Completa el texto volviendo a poner cada nombre en el lugar que le corresponde:**

Escala	Colorido	Ejemplares	Exposición
Belleza	Costumbres	Escenarios	Escarabajos

La .... de las formas, el .... y la diversidad de .... y formas de vida de los .... se presentan en esta .... - *Escarabajos: 200 millones de años de evolución* - procedente de México, a través de más de 400 .... naturalizados, de modelos a gran .... y dioramas que recrean los diferentes .... que habitan estos insectos.

7. **En este anuncio hay varios nombres del mismo tipo que los dados como ejemplo. Búscalos y clasifícalos en el grupo correspondiente (los nombres de los grupos b. y d. pueden estar en singular o en plural en el texto):**

Diccionario enciclopédico ESPASA junior.

El Espasa del Estudiante en 10 Tomos. La mejor enciclopedia para la formación escolar de sus hijos.

10 prácticos Volúmenes que recogen todas las materias previstas para los nuevos planes de Enseñanza: Historia, Geografía, Lenguaje, Arte, Física y Química, Matemáticas, Música, Biografías, etc. con la información más actual y una gran riqueza de ilustración que facilita la comprensión en todas las edades.

✔ Más de 4.000 fotografías, dibujos, esquemas y mapas totalmente actualizados que completan y facilitan la comprensión del texto.

✔ Cartografía de todos los países del mundo.

✔ Mapa de situación de las 17 comunidades españolas.

✔ Claros cuadros estadísticos y económicos.

Para información y suscripción:
Llame a ESPASA - CRÉDITO
Tel.: 900 - 210 461 (Llamada gratuita)
Carr. de Irún km. 12,200. 28049 Madrid

a. Explicación: ....
....

b. Metodología: ....
....

c. Propiedades, Profesores: ....
....

d. **Día:** ....
....

8. **Explica qué criterio has utilizado para agrupar los nombres de:**

a. ....
b. ....
c. ....
d. ....

9. **Inventa 5 frases en las que utilizarás, en singular o en plural, algunos de los nombres encontrados en el anuncio:**

a. ....
b. ....
c. ....
d. ....
e. ....

10. **Escribe:**

a. Un nombre que siempre vaya en plural.
a. ....

b. Un nombre que indique un plural colectivo.
b. ....

c. Un nombre cuyo plural pueda presentar dos formas distintas.
c. ....

d. Un nombre compuesto con idéntico singular y plural.
d. ....

e. Un nombre que cambie de acentuación al cambiar de número.
e. ....

6 *E*l adjetivo

1. Indica a qué adjetivos corresponden los siguientes sustantivos:

a. Felicidad ....
b. Libertad ....
c. Riqueza ....
d. Bondad ....
e. Dificultad ....

f. Juventud ....
g. Amabilidad ....
h. Terquedad ....
i. Ambición ....
j. Seducción ....

2. Señala la respuesta correcta:

a. Inés tiene los ojos ☐ **azules grisáceo.**
☐ **azul grisáceo**
☐ **azules grisáceos**

b. Me gustan más los pantalones ☐ **verdes botellas.**
☐ **verdes botella**
☐ **verde botella**

c. No tiene dinero. Es un ☐ **pobre hombre.**
☐ **hombre pobre**

d. El águila y la lechuza son aves ☐ **rapazas.**
☐ **rapaces**

e. Mi hermano y mi prima son bastante ☐ **tacaños.**
☐ **tacañas**

3. Da dos tipos de superlativos de los siguientes adjetivos:

Ej.: Guapo ➡ **Guapísimo** ➡ **Superguapo**

a. Baratas
b. Antiguo
c. Pobre
d. Amables
e. Sencilla

a. ....
b. ....
c. ....
d. ....
e. ....

a. ....
b. ....
c. ....
d. ....
e. ....

4. Establece todas las comparaciones de superioridad, inferioridad o igualdad que sean posibles:

Ej.: Hoy está el cine lleno. Ayer no.
➡ Ayer no estaba el cine **tan** lleno **como** hoy.
➡ Hoy está el cine **más** lleno **que** ayer.
➡ Ayer estaba el cine **menos** lleno **que** hoy.

a. El año pasado ganaba 400.000 pts. Este año gano 450.000.
a. ....

a. ....

a. ....

b. El AVE va muy rápido. El avión más.

b. ....

b. ....

b. ....

c. El motor está estropeado. Los frenos menos.

c. ....

c. ....

c. ....

d. Conozco sólo dos países extranjeros. Mi novia tres.

d. ....

d. ....

d. ....

e. El mes pasado me compré 4 libros. Este mes también.

e. ....

e. ....

5. **¿Serías capaz de encontrar 5 superlativos absolutos que puedan sustituir al señalado?:**

Las calles están **muy limpias**.

a. .... d. ....

b. .... e. ....

c. ....

6. **Utiliza No ... más que o Sólo / Solamente para transformar las frases:**

a. Sólo salgo los fines de semana.

a. ....

b. No llamo más que en caso de urgencia.

b. ....

c. Solamente viene a verme una vez al mes.

c. ....

d. Sólo nos escribimos para Navidad.

d. ....

e. No tengo más que una semana de vacaciones.

e. ....

7. Transforma según el modelo:

> Ej.: No me dijeron que fuérais tantos. ⟹ Sois **más de lo que** me dijeron.

a. No pensaba que fueran tan simpáticos.

a. ....

b. No creíamos que fueran tan caros.

b. ....

c. No me parecía que fuera tan tarde.

c. ....

d. No le hacía tan vanidoso.

d. ....

e. No nos habían dicho que estuviera tan lejos.

e. ....

8. Lee el resumen del argumento de esta película y subraya todos los adjetivos que encuentres:

MONTOYAS Y TARANTOS

Drama. El drama de Romeo y Julieta ambientado en el mundo flamenco. Música de Paco de Lucía y coreografía de Cristina Hoyos.

Los Montoyas y los Tarantos son dos familias de la Andalucía *profunda*.
Mientras que los primeros son ricos, los gitanos pasan graves dificultades económicas. Sin embargo, el amor de dos de sus más jóvenes vástagos pone a prueba la tradicional enemistad de los clanes, propiciando un enfrentamiento de trágicas consecuencias.

Filme producido y fotografiado por el operador Teo Escamilla, que estuvo nominado para siete premios Goya. Curioso reparto de debutantes y profesionales.

Director: Vicente Escrivá.
Intérpretes: Cristina Hoyos, Juan Antonio Jiménez, José Sancho, Mercedes Sampietro, Esperanza Campuzano y Sancho Gracia.

---

9. Ahora escribe los adjetivos que hayas encontrado y di de qué sustantivos derivan:

Adjetivos	Sustantivos
a.	a. ....
b.	b. ....
c.	c. ....
d.	d. ....
e.	e. ....
f.	f. ....

g. .... g. ....
h. .... h. ....
i. .... i. ....
j. .... j. ....

10. Trata de encontrar un adjetivo para terminar estas frases referidas a la película:

a. En la película hay un poco de violencia. Es una película algo ....

b. En la película no hay humor. No es una película ....

c. La película fue rodada en España. Es una película ....

d. Es una gran historia de amor. Es una película ....

e. Es un drama. Es una película ....

f. Los protagonistas de la película son muy conocidos. Son actores ....

7 Los demostrativos

1. **Completa con el demostrativo adecuado:**

    a. ¡Estoy harto! .... no puede seguir así.

    b. ¿Qué dices? ¡ .... es imposible!

    c. ¡Mira! ¡Ven a ver .... !

    d. ¿Qué traes ?, ¿qué es .... ?

    e. No soporto a .... clase de gente.

2. **Sustituye Lo por Esto, Eso o Aquello:**

    a. Lo que me dijiste el otro día no me sentó bien.

    a. ....

    b. Me gustaría volver a hacer lo que hicimos el año pasado por estas fechas.

    b. ....

    c. Lo que están Vds. escuchando es una famosa canción de los años 80.

    c. ....

    d. Mamá, ¿qué era lo que me contabas siempre cuando yo era pequeño?

    d. ....

    e. Lo que me tomé ayer en el bar me costó muy caro.

    e. ....

3. **Transforma según el modelo, utilizando el pronombre demostrativo correspondiente:**

> Ej.: Entonces conocí a Antonio, **que** me pareció muy simpático.
> ➡ Entonces conocí a Antonio. **Éste** me pareció muy simpático.

    a. Metimos los pies en el agua, que estaba bastante fría.

    a. ....

    b. Se está realizando un estudio al respecto, que será publicado dentro de un año.

    b. ....

    c. Nos habló de la Exposición Universal de 1992, que se celebró en Sevilla.

    c. ....

    d. Suspendieron sólo a dos alumnas, que no habían estudiado nada.

    d. ....

    e. He hablado con el nuevo director y su secretaria, que tienen proyectos muy interesantes para la empresa.

    e. ....

4. **Añade el demostrativo que falte para darle sentido a la frase:**

a. ¿Oiga ?, ¿oiga? ¡ .... teléfono está estropeado!

b. ¿Has visto .... moto que acaba de pasar?

c. No me vuelvas a decir .... de: "lo haré mañana".

d. ¿Estuviste al final en .... pueblo del que hablamos?

e. Fue hace mucho tiempo. ¡Menuda aventura .... !

5. **Completa las frases con el adjetivo demostrativo que corresponda:**

a. No pongas .... cara.

b. .... tiempos no eran como los de ahora.

c. Ha mejorado bastante .... últimos días.

d. Pásame el periódico .... que tienes al lado.

e. Enséñame .... manos.

6. **Ordena los elementos de la frase:**

a. Volver / se / que / ocurra / no / eso / te / hacer / a.

a. ....

b. ¿Gritos / bonito / a / te / de / hablar / parece / eso?

b. ....

c. Estaban / éste / Juan / coche / aquél / porque / contentos / e / porque / trabajo / Ignacio / le / había encontrado / muy / un / habían comprado.

c. ....

d. ¿De / que / hombre / el / te / conocimos / pasado / acuerdas / aquel / año?

d. ....

e. Hemos / en / de / nunca / aquel / comido / allí / mesón.

e. ....

7. **Sustituye las expresiones señaladas por una de las dadas, muy utilizadas en la lengua hablada:**

Por eso	En eso	Con todo y con eso	Eso es	Y eso que

a. Ha aprobado el examen, **aunque** no había estudiado mucho.

a. ....

b. Estábamos charlando tranquilamente. **Entonces** llegó él.

b. ....

c. No quiere hablar con ella. **Así que** no contesta al teléfono.

c. ....

d. ¿Sabes dónde está Estoril? - En Portugal. - **¡Muy bien!**

d. ....

e. Está enfermo. **A pesar de ello**, sigue trabajando.

e. ....

8. **Ahora invéntate tú 5 frases en las que puedas utilizar las expresiones dadas en el ejercicio anterior:**

a. ....

b. ....

c. ....

d. ....

e. ....

9. **Señala la respuesta correcta:**

a. Por ☐ **esta** carretera de aquí se llega antes.
       ☐ **esa**
       ☐ **aquella**

b. En ese bar de ☐ **aquí** hacen unas tapas riquísimas.
            ☐ **allí**
            ☐ **ahí**

c. ¿El señor Fernández? Es ☐ **este** de allí.
                   ☐ **ese**
                   ☐ **aquel**

d. Los veo a lo lejos: vienen por ☐ **aquí**.
                            ☐ **allí**
                            ☐ **ahí**

e. Me gustaría probarme ☐ **estos** zapatos de aquí.
                    ☐ **esos**
                    ☐ **aquellos**

10. **Completa estas expresiones temporales con el demostrativo que las acompaña:**

> Ej.: En **aquellos** tiempos, eso no se conocía.

a. En .... época, eso era normal.
b. En .... últimos días ha llovido mucho.
c. En .... mismo momento, pasó por mi lado.
d. A .... horas, ya se habrán acostado.
e. El año que viene por .... fechas estaré en Roma.

8 Los posesivos

1. Haz una frase con cada una de las siguientes expresiones:

    a. Ir a lo suyo: ....

    b. Estar en lo suyo: ....

    c. Salirse con la suya: ....

    d. Ser lo suyo: ....

    e. Costar lo suyo:...

2. Subraya la frase correcta:

    a. Se ha roto su camisa. / Se le ha roto la camisa.

    b. Lleva las manos en los bolsillos. / Lleva sus manos en sus bolsillos.

    c. Tengo el coche averiado. / Tengo mi coche averiado.

    d. Son nuestras llaves. / Son las llaves.

    e. Han perdido su tarjeta. / Se les ha perdido la tarjeta.

3. Explica la diferencia entre:

    a. Es un profesor suyo / Es su profesor.

    ....

    Da dos ejemplos más en los que puedan apreciarse las mismas diferencias.

    b. .... / .... / ....

    c. .... / .... / ....

4. Utiliza un posesivo para transformar las siguientes frases:

    a. El colegio donde estudia es muy famoso.

    a. ....

    b. Tengo unos cuadros muy valiosos.

    b. ....

    c. Hace unas comidas estupendas.

    c. ....

    d. El frigorífico que hemos comprado está estropeado.

    d. ....

    e. Vivís en una casa preciosa.

    e. ....

5. Da otras 4 exclamaciones de uso frecuente en las que el posesivo vaya pospuesto al nombre:

a. ¡Dios mío!

b. ....

c. ....

d. ....

e. ....

6. Sustituye los elementos señalados por el pronombre posesivo que corresponda:

a. Estas fotos son **de mi hermana**.

a. ....

b. El hotel es **de aquel matrimonio**.

b. ....

c. Los coches son **de Enrique y Manolo**.

c. ....

d. La culpa es **de ese señor**.

d. ....

e. Los niños son **de Andrés**.

e. ....

7. Transforma posponiendo el adjetivo posesivo al nombre:

> Ej.: No me gusta nada **su carácter**.
> ➡ No me gusta nada **el carácter suyo**.

a. Muchos de tus profesores me dieron a mí clase.

a. ....

b. Es uno de mis discos.

b. ....

c. Varios de vuestros compañeros están ya de vacaciones.

c. ....

d. Todas nuestras invitadas iban de largo.

d. ....

e. Sus gestos son muy expresivos.

e. ....

8. **Relaciona los elementos de las dos columnas:**

a Tu diccionario no lleva gramática.   1. *Los vuestros son más aplicados.*

b. Esos zapatos no son de piel.   2. *Las suyas me gustan menos.*

c. Mis hijos estudian poco.   3. *El mío es mejor.*

d. ¡Qué gafas tan bonitas!   4. *Los tuyos sí lo son.*

e. ¡Qué aula más grande!   5. *¿La vuestra no es igual?*

9. **Completa el diálogo con el posesivo adecuado:**

a. ¿Qué buscas? Aquí no hay nada ....

b. ¿Y dónde está .... raqueta de tenis?

a. ¿ .... raqueta? Me parece que .... se la llevó
Encarna.

b. Pero si ella ya tiene una, ¿qué ha hecho con .... ?

a. No sé, ¿quieres que te deje .... ?

b. No, gracias. Llamaré a Encarna para ver si puede devolverme
....

10. **Ahora redacta este mismo diálogo en la persona que corresponda, teniendo en cuenta el cambio producido en el
primer verbo:**

a. ¿Qué **buscáis**? ....

b. ....

a. ....

b. ....

a. ....

b. ....

9 Los pronombres personales

1. Completa este poema con los pronombres personales que le faltan:

Te	Te	Te	Te	Te	Te	Te	Te
Me	Me	Yo	Yo	Yo	Tú	Tú	Tú

...Para vivir no quiero
islas, palacios, torres.
¡Qué alegría más alta:
vivir en los pronombres!

Quíta...... ya los trajes,
las señas, los retratos;
...... no ...... quiero así,
disfrazada de otra,
hija siempre de algo.
...... quiero pura, libre,
irreductible: ....
Sé que cuando ...... llame
entre todas las gentes
del mundo,
sólo ...... serás ....

Y cuando ...... preguntes
quién es el que ...... llama,
el que ...... quiere suya,
enterraré los nombres,
los rótulos, la historia.
Iré rompiendo todo
lo que encima ...... echaron
desde antes de nacer.

Y vuelto ya al anónimo
eterno del desnudo,
de la piedra, del mundo,
...... diré:
.... quiero, soy ....

La voz a ti debida
Pedro Salinas

2. **Completa con Se / Le / Lo:**

    a. ...... difícil es reunirlos a todos.

    b. ...... duelen los pies.

    c. ...... enfada cuando ...... hablan del tema.

    d. Trabajar es ...... que menos ...... gusta hacer.

    e. .... han quedado estrechos los pantalones.

3. **Coloca los pronombres de forma enclítica cuando sea posible:**

a. Se lo estoy arreglando.	a. ....
b. Se me han roto las gafas.	b. ....
c. Te lo repito: ¡no lo hagas!	c. ....
d. ¡Quítate eso inmediatamente!	d. ....
e. No se lo pienso dejar.	e. ....

4. **Pon el pronombre personal sujeto en los casos en que éste pueda aportar claridad o énfasis a la frase:**

			Nada
a. ¡No he dicho eso!	Yo	☐	☐
b. Trabajaba mientras malgastaban el dinero.	Yo / Ellos	☐	☐
c. Nunca ve las películas enteras.	El / (ella)	☐	☐
d. ¿Y no podrías hacerlo hoy?	Tú	☐	☐
e. Me lo ha explicado.	El / (ella)	☐	☐

5. **Acentúa tónica y ortográficamente cuando sea preciso las siguientes formas verbales con enclisis del pronombre:**

    a. Tomatelo.

    b. Diselo.

    c. Confiesamelo.

    d. Compratelas.

    e. Vete.

6. **Corrige los pronombres que no sean correctos:**

    a. El vestido, le he llevado a la tintorería.

    a. ....

    b. Los puse de patitas en la calle.

    b. ....

    c. La traje un bonito collar.

    c. ....

    d. Le esperan en recepción (*a Vd.*).

    d. ....

    e. No la gustan mucho los idiomas.

    e. ....

7. Completa el texto con los pronombres personales necesarios *(un padre se dirige a sus hijos)*:

> Tenéis que portar .... bien con mamá. Porque .... cuida, porque .... quiere, porque .... preocupa mucho por .... todos los días del año, porque procura dar .... siempre lo mejor, porque .... también .... queréis. Por eso, ayudad .... todo lo que podáis. .... lo merece.

8. Trata de encontrar el pronombre personal adecuado para rellenar los huecos:

a. A usted .... tengo que ver en privado.
b. ¿Te has dado cuenta si Felipe llevaba equipaje con .... ?
c. No te hagas ilusiones. A lo mejor no es para ....
d. Por favor, di que sí, todos quieren, excepto ....
e. Yo he llegado antes que .... , así que pon .... detrás de ....

9. Tacha los pronombres que no sean necesarios:

> Anoche vino Miguel y él me dijo que su mujer está muy preocupada porque piensan cerrar la compañía en la que ella trabaja. Yo no supe qué aconsejarle a él; le dije simplemente que la llamaría hoy a su mujer de él para hablar con ella.

10. Vuelve a redactar estas frases transformando los complementos señalados en pronombres:

> Ej.: Ya le di a Juan **mi dirección**. ➡ Ya **se la** di a Juan.

a. Le compré **un coche** a José Luis.
a. ....

b. Les prometí **hacerlo** a mis padres.
b. ....

c. Nunca le he visto **la bufanda** que le regalé.
c. ....

d. A veces me confiesan **lo que piensan**.
d. ....

e. Desearía que me subieran **el desayuno**.
e. ....

10 Los numerales

1. Da el número ordinal correspondiente a los siguientes cardinales:

a. 30. a. ....   e. 70. e. ....
b. 40. b. ....   f. 80. f. ....
c. 50. c. ....   g. 90. g. ....
d. 60. d. ....   h. 100. h. ....

2. Escribe con letra:

a. Hoy celebran el 30 aniversario de su boda.

a. ....

b. Me encanta volver a escuchar la música de los años 60.

b. ....

c. Calcúlame la 1000 parte de este número.

c. ....

d. En 1992 se celebró el 500 aniversario del descubrimiento de América.

d. ....

e. En 10 lugar, escucharán Vds. al representante de Italia.

e. ....

3. Escribe con letra:

a. 16. 595. 600 pesetas.

a. ....

b. 1 000 000 000 000 de libras.

b. ....

c. 111. 701 liras.

c. ....

d. 100. 930 francos.

d. ....

e. 21. 201 dólares.

e. ....

4. Escribe con números:

a. España ocupa cuatrocientos noventa y un mil doscientos cincuenta y ocho kilómetros cuadrados de la Península Ibérica.

a. ....

b. La superficie de las Islas Baleares es de cinco mil catorce kilómetros cuadrados.

b. ....

c. La de las Islas Canarias es de siete mil doscientos setenta y dos kilómetros cuadrados.

c. ....

d. Así pues, con las Baleares y las Canarias, la extensión de España es
de quinientos tres mil quinientos cuarenta y cuatro kilómetros cuadrados.

d. ....

e. La superficie total de la Península Ibérica es de quinientos ochenta y
tres mil quinientos kilómetros cuadrados.

e. ....

5. Completa las frases con Primero en la forma adecuada:

a. Este alumno es el mejor de la clase, el ....
b. Le hemos comprado su .... diccionario.
c. Hará la .... Comunión en mayo.
d. ¡Hemos llegado los .... ! ¡Hemos ganado!
e. Éste es mi .... viaje en avión.

6. Completa las frases con Uno en la forma adecuada:

a. No tengo rotulador. Déjame ....
b. Hoy cumple veinti .... años.
c. ¡No tengo ni .... vestido de fiesta!
d. Yo te puedo prestar ...., el de la boda de mi hermana.
e. No queda más que .... tomate.

7. Escribe con letra los siguientes porcentajes:

Entre las 9 y las 11 de la noche,

a. El 58,5% de los españoles encuestados ve la televisión.

a. ....

b. De ellos, un 43,7% son hombres, frente a un 35,9% de mujeres.

b. ....

c. Un 30,4% prefiere hablar con la familia o con amigos.

c. ....

d. Un 22,7% prefiere salir.

d. ....

e. El resto, un 19%, opta por leer.

e. ....

8. **Lee atentamente el texto sobre *Correos* y contesta a las preguntas (especifica siempre las cantidades y escríbelas con letra):**

CORREOS

1. El año pasado, Correos repartió 410 millones de objetos (cartas y paquetes) por Navidad en España.

2. Sir Henry Cole envió el primer *christmas* en 1843.

3. En Estados Unidos se intercambian 2.000 millones de *christmas* cada Navidad.

4. *Christmas*, sinónimo de nieve y de paz, es el nombre de dos islas tropicales. Una, en el Índico; la otra, en el Pacífico.

5. Movimiento postal en España: unos 370 millones de objetos/mes.

6. Werner Erhard, de San Francisco (Estados Unidos), envió 62.824 felicitaciones de Navidad en diciembre de 1975.

7. La India tiene el récord de oficinas postales: 144.830. En España hay 12.600 oficinas de Correos.

8. Los que más escriben en el mundo son los suizos: una media de 650 envíos al año por persona.

9. El precio más alto pagado por una carta autógrafa de una persona viva fue de 1,25 millones de pesetas en 1981. Estaba firmada por Ronald Reagan.

10. El sello más antiguo del mundo (1840) es el de un penique negro, con efigie de la reina Victoria.

11. Se ha llegado a pagar 270 millones de pesetas por un sello de un penique negro de 1840.

12. El sello más valioso de España: el de dos reales azul, del 1 de enero de 1851, de Isabel II, sin dentar.

13. El sello más antiguo de España es el de seis cuartos, negro, efigie de Isabel II, del 1 de enero de 1850.

14. El sobre más valioso del mundo es el famoso *Mauricio*, matasellado en 1847, con los dos rarísimos sellos de dos peniques azul y un penique rojo, de Isla Mauricio.

15. La carta más breve de que se tiene noticia la mandó Victor Hugo a su editor en 1852. Quería saber cómo se vendía *Los miserables*, y escribió: «?». El editor respondió: «!».

16. Libertad fundamental del hombre: la inviolabilidad de su correspondencia.

17. En 1972, en Palma de Mallorca, se solicitó una condena de 384.912 años para Gabriel March por no haber entregado un total de 42.768 cartas.

18. Coleccionar tarjetas postales es el tercero de los *hobbies* del mundo. El segundo es la filatelia.

19. Vichi Noda, ex ministro japonés, escribió 1.307 cartas (cinco millones de caracteres en japonés) a su mujer entre 1961 y 1985.

20. Según el *Guinness*, el récord de cartas de amor lo tiene el reverendo C. Bill Cook, que escribió a su novia más de 6.000 cartas entre 1942 y 1946.

Texto de
Marisol Guisasola

a. ¿Cuál es el sello más valioso de España?

a. ....

b. ¿Y el más antiguo de este país?

b. ....

c. ¿En cuánto se vendió en 1981 una carta firmada por Ronald Reagan?

c. ....

d. ¿Cuándo se envió el primer *christmas*?

d. ....

e. ¿Quiénes son los que más escriben? ¿Cuánto, aproximadamente?

e. ....

9. **Mismo ejercicio que el anterior:**

a. ¿Cuántas felicitaciones de Navidad llegó a enviar una sola persona en diciembre de 1975?

a. ....

b. ¿Cuántas oficinas de Correos hay en España?

b. ....

c. ¿Quién bate el récord de oficinas postales? ¿Con cuántas?

c. ....

d. ¿Cuánto llegó a pagarse por un sello de un penique negro de 1840?

d. ....

e. ¿Qué condena se solicitó en 1972 para Gabriel March y por qué?

e. ....

10. **Tipos de cartas y sobres:**

a. ¿Hay mucha afición en el mundo a coleccionar tarjetas postales?

a. ....

b. ¿Cuándo se escribió la carta más breve conocida?

b. ....

c. ¿Cuántas cartas de amor han llegado a escribirse a una mujer en cuatro años?

c. ....

d. ¿Y cuántas le escribió un ministro japonés a su mujer entre 1961 y 1985?

d. ....

11 Los indefinidos

1. Sustituye las palabras señaladas por un indefinido que exprese cantidad indeterminada:

a. He visto **una cosa** rara.

a. ....

b. He estudiado **un poco** de inglés.

b. ....

c. ¿Necesitas que te traiga **alguna cosa**?

c. ....

d. Es **un poco** impertinente.

d. ....

e. Me han regalado **una cosa** muy original.

e. ....

2. Completa las frases con el indefinido adecuado:

a. No le pidas .... favor a ....
b. ¿Es que no te das cuenta de .... ?
c. ¿Ha visto .... lo que has hecho?
d. ¿Me llevo .... de comer?
e. No, no te lleves ....

3. ¿Alguien o Alguno? Completa con el indefinido correcto:

a. ¡ .... de ellos tendrá que saberlo!
b. .... mañanas desayunamos juntos.
c. ¿Hay por aquí .... encargado?
d. ¿Has visto a .... conocido?
e. ¿Ha llamado .... ?

4. Expresa lo mismo transformando las frases con el indefinido Ninguno:

a. No tengo miedo alguno.

a. ....

b. No hace esfuerzo alguno.

b. ....

c. No aceptan dinero alguno.

c. ....

d. No lleva maleta alguna.

d. ....

e. No esperan visita alguna.

e. ....

5. Corrige los errores:

a. Póngame una otra cerveza.

a. ....

b. Los veinte otros se quedaron.

b. ....

c. Tendrás que poner otras excusa.

c. ....

d. ¿Sabes alguno otro chiste?

d. ....

e. El mejor es lo otro.

e. ....

6. Pon el artículo que convenga y cuando convenga, según el significado de Demás:

a. He traído sólo alguno de los libros. No podía con .... demás.
b. No tenía dinero para comprar .... demás cosas.
c. ¿Dónde está .... demás?
d. Se ha quedado con Antonio, Ricardo y .... demás primos.
e. Elena, María, ¡venid aquí! ; .... demás, esperad un momento.

7. ¿De más o Demás?:

a. Me das dinero ....
b. Dile sólo eso, y no lo ....
c. Eso está .... , no necesitas decírmelo.
d. ¿Hay comida .... ?
e. Sólo para cuatro, los .... tendrán que comer en otro sitio.

8. Inventa una frase con cada uno de los siguientes indefinidos:

a. Diferentes: ....
b. Mismo: ....
c. Tal: ....
d. Semejante:..
e. Propio: ....

9. **Completa con el indefinido adecuado:**

a. Le dieron un programa a .... uno de los asistentes.

b. .... que lo haya hecho, le descubriremos.

c. .... que nos vea pensará que estamos locos.

d. ¡ .... te entiende!

e. Que .... cual diga lo que piensa.

10. **Expresa la cantidad con un indefinido apropiado:**

a. .... lo que te digo es cierto.

b. Bébetelo .... de un trago.

c. Son .... descarados.

d. Es .... un experto.

e. Aquí quedarían bien unas .... plantas.

1. **Completa las frases con El que / El cual... en la forma que convenga:**

    a. ¿Es esta revista .... dices?

    b. Andrés, ... no estaba allí en ese momento, se enteró después.

    c. Deme una talla menos, ... llevo me está grande.

    d. No, ... yo quería ya lo habían vendido.

    e. ¿Saben el motivo por .... les he reunido?

2. **Transforma estas oraciones en explicativas o especificativas, según se refieran al todo o a una parte:**

    a. Los alumnos que faltaban a menudo a clase no pudieron presentarse al examen *(parte)*.

    a. ....

    b. Los niños que estaban muy cansados durmieron la siesta *(todo)*.

    b. ....

    c. Las ventanas que estaban abiertas fueron cerradas *(todo)*.

    c. ....

    d. Los turistas que visitaban el castillo eran suecos *(todo)*.

    d. ....

    e. Las modistas que nos cosían siempre la ropa ya no trabajan *(parte)*.

    e. ....

3. **Transforma las frases uniéndolas mediante el relativo Que / Quien precedido de una preposición cuando sea necesario:**

> Ej.: Es Jorge. Con él voy a ir al cine.
> ⟹ Es con Jorge **con quien** voy a ir al cine.

    a. Aquella es su casa. Vive allí.

    a. ....

    b. No tengo vestido. No puedo ir a la fiesta.

    b. ....

    c. Fue a él. A él se lo presté.

    c. ....

d. Ese es el viaje. Siempre he soñado con ese viaje.

d. ....

e. Yo les vendo el coche. Están interesados.

e. ....

4. Sustituye los elementos señalados por un solo relativo:

a. Podéis invitar a **todos los** amigos **que** queráis.

a. ....

b. ¿Han hecho **todo lo que** habíamos dicho?

b. ....

c. Gasta todo **lo que** gana.

c. ....

d. Puedes llevarte **todas las cosas que** necesites.

d. ....

e. Compra **todas las** postales **que** te gusten.

e. ....

5. Haz una sola frase uniendo las dos dadas mediante Cuyo:

> Ej.: Te di la dirección de la empresa que necesita personal.
> ➡ La empresa **cuya** dirección te di necesita personal.

a. Conoces a los padres de los chicos que han venido.

a. ....

b. El dueño del restaurante que me gusta es extranjero.

b. ....

c. El autor de esos libros que se venden tanto está hoy en esa librería.

c. ....

d. Sólo asistirán al espectáculo los niños de las familias que trabajen en esta compañía.

d. ....

e. Ha dimitido el director de la fábrica que ha reducido su producción.

e. ....

6. Completa con el relativo adecuado:

a. Ésta es la Facultad .... tuna es tan conocida.

b. ¿Es por esta ciudad por .... pasa el Danubio?

c. Comeremos en el restaurante en .... celebramos nuestra boda.

d. No estaba con .... tú pensabas.

e. Por fin encontraron a Mateo, ... se llevó una gran sorpresa al verlos.

7. Subraya la forma correcta:

a. ¿Esas son todas **cuales / las que** tienes?

b. Ya te han arreglado el collar **cuyo / el cuyo** cierre se había roto.

c. ¿Has pensado ya en el asunto de **cual / que** te hablé?

d. Todos **cuantos / los que** estaban allí lo oyeron.

e. Pasaremos por el pueblo **del que / cuya** plaza tanto te gusta.

8. Completa con el interrogativo adecuado:

a. ¿ .... secretaria te ha contestado?

b. ¿ .... eran esos señores?

c. ¿ .... son los principales ríos de ese país?

d. ¿ .... hace que no le habéis visto?

e. ¿Con .... vas a servir eso?

f. Dime .... prefieres de todas.

g. ¿ .... día te conviene?

9. Sustituye el exclamativo Qué por Cuánto cuando sea posible:

a. ¡Qué frío hace!   a. ....

b. ¡Qué idiota eres!   b. ....

c. ¡Qué feliz soy!   c. ....

d. ¡Qué bien huele!   d. ....

e. ¡Qué calor tengo!   e. ....

10. Sustituye los elementos señalados por un exclamativo que exprese lo mismo:

a. ¡**Vaya** fiesta!

a. ....

b. ¡**Hay que ver lo** desagradable **que es ese** olor!

b. ....

c. ¡**Menudo** egoísta!

c. ....

d. ¡Bebió **un montón de** vino!

d. ....

e. ¡**Ojalá** pudiera verlo!

e. ....

13-14 Apócope. Diminutivos y aumentativos

1. Completa las frases con los términos dados, utilizándolos en su forma apocopada cuando sea necesario:

Reciente	Lentamente	Santo	Veintiuno	Tanto	Torpemente

a. Escribe .... y ....

b. El día de .... Pedro cae en viernes.

c. Tiene .... alumnos.

d. La piscina está .... inaugurada.

e. ¿Por qué llegas .... tarde?

2. Transforma las frases de manera que tengas que utilizar las formas apocopadas de las palabras señaladas:

> Ej.: Amigos, no tiene ni **uno.** ➡ No tiene ni **un** amigo.

a. Hoy es un día **grande**.

a. ....

b. La pintura de la puerta está **reciente**.

b. ....

c. Es un momento **malo**.

c. ....

d. Lo celebraremos un día **cualquiera**.

d. ....

e. No me gusta **ninguno** de tus discos.

e. ....

3. Da los diminutivos de:

a. Ratón.   a. ....

b. Garbanzo.   b. ....

c. Puerta.   c. ....

d. Amor.   d. ....

e. Tren.   e. ....

f. Árbol.   f. ....

g. Caliente.   g. ....

h. Música.   h. ....

i. Mayor.   i. ....

j. Grande.   j. ....

k. Mosca.   k. ....

l. Siesta.   l. ....

4. **Da los aumentativos de:**

a. Pistola.	a. ....
b. Tonto.	b. ....
c. Mano.	c. ....
d. Copa.	d. ....
e. Bueno.	e. ....

5. **Di cuáles son los diminutivos de los siguientes nombres propios:**

a. Pedro.	a.	e. Pilar.	e. ....
b. Enrique.	b.	f. Concepción.	f. ....
c. Ignacio.	c.	g. Antonia.	g. ....
d. María.	d.	h. Dolores.	h. ....

6. **Subraya todas las palabras cuyos diminutivos terminen en -cito / -cita:**

Salto	Ladrón	Comida	Cara	Grande	Fuego
Castaña	Nariz	Callado	Calor	Carmen	Fuente
Café	Leche	Manga	Pierna	Bueno	

7. **Pon la forma despectiva de los siguientes términos:**

a. Animal.	a. ....
b. Casa.	b. ....
c. Pueblo.	c. ....
d. Barco.	d. ....
e. Hombre.	e. ....

8. **¿Con qué términos se expresan las siguientes ideas?:**

a. Golpe dado con un guante.	a. ....
b. Golpe dado con la mano.	b. ....
c. Golpe dado con el codo.	c. ....
d. Golpe dado con la rodilla.	d. ....
e. Golpe dado con la puerta.	e. ....

9. **Corrige los errores:**

a. Habla fatal: ¡siempre dice tan palabronas... !

a. ....

b. La novela está recientemente publicada.

b. ....

c. Para Santo José ya había muchas floritas.

c. ....

d. El tercero corredor clasificado fue Manuelecito.

d. ....

e. Hace un airito muy agradable.

e. ....

10. **Ordena los elementos para formar frases (¡ojo con la apó-cope!):**

a. Oyendo / los / quietecitos / ciento / se / muy / música / niños / estuvieron.

a. ....

b. Bueno / completamente / están / de / rotundamente / convencidos / será / que / eso / para / empresa / cualquiera / y.

b. ....

c. Las / se / en / Santo / celebran / José / Valencia / Fallas / de / a / honor.

c. ....

d. Su / le / de / haremos / día / para / un / bueno / santo / regalo / el.

d. ....

e. ¿De / hay / hoy / en / periódico / alguno / casa?

e. ....

15 La conjugación regular

1. **Escribe los tiempos compuestos que corresponden a los dados:**

a. Escucho.   a. ....

b. Subía.   b. ....

c. Temí.   c. ....

d. Hablaré.   d. ....

e. Protestaría.   e. ....

2. **Escribe los nombres de los tiempos simples y compuestos del ejercicio 1:**

Tiempos simples	Tiempos compuestos
a.	a. ....
b.	b. ....
c.	c. ....
d.	d. ....
e.	e. ....

3. **Escribe las formas simples de:**

a. Habría subido.   a. ....

b. Hubieron dialogado. b. ....

c. Habrá corrido.   c. ....

d. Habíais pensado.   d. ....

e. Hemos ganado.   e. ....

4. **Enlaza cada tiempo con la forma de que proceda:**

a. Compraste.   1. *Radical del verbo.*

b. Bebía.   2. *3ª persona plural pretérito indefinido.*

c. Discutiríamos.   3. *Infinitivo.*

d. Dibujaréis.   4. *Radical del verbo.*

e. Llegaran.   5. *Infinitivo.*

5. **Pon en futuro:**

> Ej.: Cómprame un sobre, que mande la carta. ➡ Me **comprarás** un sobre y **mandaré** la carta.

a. Arregla la lámpara, que la use para estudiar.

a. ....

b. Preparad los billetes, que subamos al tren.

b. ....

c. Termina de cenar, que leamos el cuento.

c. ....

d. Bate los huevos, que los eche a la sartén.

d. ....

e. Cose el botón, que no se caiga.

e. ....

6. Transforma las frases anteriores según el modelo:

> Ej.: Cómprame un sobre, que mande la carta. ⟹ Si me **compraras** un sobre, **mandaría** la carta.

a. Arregla la lámpara, que la use para estudiar.

a. ....

b. Preparad los billetes, que subamos al tren.

b. ....

c. Termina de cenar, que leamos el cuento.

c. ....

d. Bate los huevos, que los eche a la sartén.

d. ....

e. Cose el botón, que no se caiga.

e. ....

7. Pon las siguientes frases en pasado (primer verbo en pretérito indefinido y segundo en pluscuamperfecto de indicativo):

a. **Lloráis** porque no **aprobáis**.

a. ....

b. Os **multan** porque **aparcáis** mal.

b. ....

c. No le **admiten** porque no **entrega** el expediente completo.

c. ....

d. Le **denuncian** porque no **paga**.

d. ....

e. Se **enfadan** porque no **llegan** a un acuerdo.

e. ....

8. Ahora transforma estas mismas frases como el modelo:

> Ej.: **Cantamos** porque **ganamos**. ⟹ **Cantaríamos** si **hubiéramos ganado**.

a. **Lloráis** porque no **aprobáis**.

a. ....

b. Os **multan** porque **aparcáis** mal.

b. ....

c. No le **admiten** porque no **entrega** el expediente completo.

c. ....

d. Le **denuncian** porque no **paga**.

d. ....

e. Se **enfadan** porque no **llegan** a un acuerdo.

e. ....

9. Pon en futuro perfecto:

a. Estuvieron mucho tiempo sin venir por aquí.

a. ....

b. ¿Les comunicó el resultado?

b. ....

c. A estas horas, seguro que ya se ha marchado.

c. ....

d. ¿Le cambiarían de Universidad?

d. ....

e. ¿Cuánto tardarán en llegar?

e. ....

10. Pon en imperativo, siguiendo el modelo:

> Ej.: Debéis ganar la carrera. ➡ **Ganad** la carrera.

a. Deberían pasar por casa.

a. ....

b. Vd. debe darles ejemplo a los niños.

b. ....

c. Deberíamos admitirlo.

c. ....

d. Debes comprarte ese coche.

d. ....

e. Deberíais salir más temprano.

e. ....

16 La conjugación irregular

1. **Tacha todos los verbos que no estén bien clasificados:**

    a. Hervir, arrepentirse, concebir, mentir, sugerir.

    b. Descolgar, esforzarse, soltar, demostrar, tropezar.

    c. Vestir, digerir, elegir, reír, conseguir.

    d. Desenvolver, tender, defender, malquerer, desentenderse.

    e. Huir, obstruir, medir, atribuir, contribuir.

2. **Ahora di en qué consiste la irregularidad de los verbos de cada uno de los grupos anteriores:**

    a. ....

    b. ....

    c. ....

    d. ....

    e. ....

3. **Conjuga el imperfecto de subjuntivo de los siguientes verbos:**

    a. Discernir: ....

    b Pervertir: ....

    c. Dormir: ....

    d. Despedir: ....

    e. Deducir: ....

4. **Transforma según el modelo:**

> Ej.: **Debéis regar las plantas. ➡ Regadlas.**

    a. Tienen que perseguir al ladrón.   a. ....

    b. Debes resolver el problema.   b. ....

    c. Debes oler las flores.   c. ....

    d. Tiene que distribuir los libros.   d. ....

    e. Debe desaparecer inmediatamente. e. ....

5. **Pon en forma negativa:**

    a. Pedidlo.   a. ....

    b. Cocedlos.   b. ....

    c. Elegidlos.   c. ....

    d. Pruébalo.   d. ....

    e. Consentidlo.   e. ....

6. Elige entre los dos participios propuestos. Subraya el correcto:

a. Se me ha **soltado / suelto** la cordonera.
b. Han **bendito / bendecido** el agua.
c. Está muy **atendido / atento** a la explicación.
d. No nos han **convicto / convencido**.
e. Estás **absorto / absorbido**.

7. Expresa lo mismo con Estar + participio:

> Ej.: Se ha hartado de comer. ⟹ **Está harto** de comer.

a. Aún no se han despertado.   a. ....
b. Ya lo han prendido.   b. ....
c. Ha matado al toro.   c. ....
d. Los hemos juntado.   d. ....
e. Han imprimido el periódico.   e. ....

8. Da los gerundios de los siguientes verbos:

a. Podrir.   a. ....
b. Decir.   b. ....
c. Despedir.   c. ....
d. Ir.   d. ....
e. Sentirse.   e. ....

9. Lee el texto y busca las irregularidades indicadas:

El autoestop se descubrió en Europa durante la II Guerra Mundial.

A finales de los cincuenta, Alemania creó las agencias de viaje compartido, que consistían en poner en contacto a viajeros sin coche con conductores que se dirigían al mismo sitio que los primeros y en las mismas fechas. Así, el hacer dedo deja de ser arriesgado. Esta fórmula parece ser eficaz y económica. En España funcionan algunas agencias de este tipo. El problema es que afluyen más viajeros que conductores que ofrecen su coche y, además, al español le cuesta viajar con extraños.

a. 3 verbos que tengan un participio de pasado irregular.
a. ....

b. 2 verbos que tengan un pretérito indefinido irregular.
b. ....

c. 2 verbos que transformen la C en ZC ante O y A.
c. ....

d. 1 verbo que transforme la I en Y ante A, E, O.

d. ....

e. 1 verbo con la diptongación O -> UE.

e. ....

10. Pon en presente los verbos que van entre paréntesis:

a. Ya no (nevar) ....
b. Lo que me proponen no (convenirme) ....
c. Saldremos antes de que (anochecer) ....
d. No (ocurrírsenos) .... nada.
e. (Bastar) .... con que aprietes aquí.

17 Verbos irregulares de especial complejidad

1. **Conjuga el imperativo de los siguientes verbos:**

   a. Caber: ....

   b. Haber: ....

   c. Oír: ....

   d. Saber: ....

   e. Valer: ....

   f. Venir: ....

2. **Transforma según el modelo:**

> Ej.: Debes hacerlo. ➡ **Hazlo.**

   a. Deben satisfacerle.   a. ....

   b. Debemos suponer .   b. ....

   c. Debéis intervenir .   c. ....

   d. Debes abstenerte.   d. ....

   e. Debes ponértelo.   e. ....

3. **Pon en imperativo negativo:**

   a. Sabedlo.   a. ....

   b. Vente.   b. ....

   c. Dímelo.   c. ....

   d. Ponédselo.   d. ....

   e. Posponlo.   e. ....

4. **Conjuga:**

   a. Andar - imperfecto de subjuntivo.

   a. ....

   b. Caer - pluscuamperfecto de subjuntivo.

   b. ....

   c. Valer - presente de subjuntivo.

   c. ....

   d. Decir - pretérito perfecto de subjuntivo.

   d. ....

   e. Saber - pretérito indefinido.

   e. ....

5. **Conjuga la primera persona del imperfecto de subjuntivo de los siguientes verbos:**

a. Caer ....
b. Dar ....
c. Decir ....
d. Hacer ....

e. Salir ....
f. Traer ....
g. Valer ....
h. Saber ....

6. **Completa este poema como te indican los números:**

ROMANCE DEL DUERO

Río Duero, río Duero
nadie a acompañarte baja,
nadie __1__ a oír
tu eterna estrofa de agua.

Indiferente o cobarde,
la ciudad __2__ la espalda.
No __3__ ver en tu espejo
su muralla desdentada.

Tú, viejo Duero, __4__
entre tus barbas de plata,
__5__ con tus romances
las cosechas mal logradas.

Y entre los santos de piedra
y los álamos de magia,
pasas __6__ en tus ondas
palabras de amor, palabras.

Quién __7__ como tú,
a la vez quieto y en marcha,
cantar siempre el mismo verso,
pero con distinta agua.

Río Duero, río Duero
nadie a estar contigo baja,
ya nadie __3__ atender
tu eterna estrofa olvidada,

sino los enamorados
que preguntan por sus almas
y __8__ en tus espumas
palabras de amor, palabras.

Soria
Gerardo Diego

1.: **Detenerse.**
presente de indicativo.
2.: **Volver.**
presente de indicativo.
3.: **Querer.**
presente de indicativo.
4.: **Sonreír.**
presente de indicativo.
5.: **Moler.**
gerundio.
6.: **Llevar.**
gerundio.
7.: **Poder.**
imperfecto de subjuntivo.
8.: **Sembrar.**
presente de indicativo.

7. Pon las 2 primeras estrofas del poema en pretérito indefinido:

....
....
....
....
....
....
....
....

8. Pon las 2 primeras estrofas del poema en pretérito perfecto de indicativo:

....
....
....
....
....
....
....
....

9. Di cómo se llaman los tiempos en que están los siguientes verbos:

a. Distrajéramos.
b. Hube.
c. Fueseis.
d. Dijo.
e. Deshizo.

a. ....
b. ....
c. ....
d. ....
e. ....

10. Da dos ejemplos de verbos que se conjuguen como el modelo:

a. Volver: ....
b. Tener: ....
c. Decir: ....
d. Hacer: ....
e. Poner: ....

18 Modificaciones ortográficas y alteraciones del acento

1. Completa el cuadro de verbos dando las primeras personas del singular de los siguientes tiempos:

	Presente de Subjuntivo	Imperfecto de Subjuntivo	Pretérito Indefinido	Imperativo
a. Arrancar	....	....	....	....
b. Creer	....	....	....	....
c. Amortiguar	....	....	....	....
d. Elegir	....	....	....	....
e. Averiar	....	....	....	....

2. Transforma las frases cambiando el sujeto:

a. Tropecé y me caí.
(Ella) ....

b. Cojamos nuestras cosas y vayámonos.
(Tú) ....

c. Acércate y paga.
(Nosotros) ....

d. Actúo y río.
(Vosotros) ....

e. Vencéis y elegís.
(Yo) ....

3. Completa las frases poniendo los verbos señalados en subjuntivo:

a. **Saca** a pasear al perro. Te he dicho que lo ....
b. **Desatasca** el lavabo. Quiero que lo ....
c. **Meced** al bebé. Necesita que lo ....
d. **Riega** las plantas. Es preciso que las ....
e. **Finge** estar contento. Es necesario que lo ....

4. Contesta afirmativamente utilizando un imperativo:

a. ¿Quieres que te abrace?   a. ....
b. ¿Les podemos guiar?   b. ....
c. ¿Podemos aparcar aquí?   c. ....
d. Oiga, ¿puedo cruzar ya?   d. ....
e. ¿Por qué no lo averiguamos? e. ....

5. Completa las frases con los verbos en pretérito indefinido:

a. Hoy me ha creído. El otro día no me ....

b. Ya no se ríen con mis chistes. La última vez se .... mucho.

c. Esta mañana has leído bien. Pero ayer .... muy regular.

d. Al parecer, esta noche no he roncado mucho. Anoche sí que ....

e. Aún no he pagado esta factura. La anterior la .... en seguida.

6. Pon en imperativo negativo:

a. Sigue recto.

b. Tuerce a la derecha.

c. Coge la primera a la izquierda.

d. Llega hasta el cine.

e. Cruza la calle.

a. ....

b. ....

c. ....

d. ....

e. ....

7. ¿Qué otros verbos conoces que presenten la misma irregularidad que los dados?:

a. Abarcar: ....

b. Escocer: ....

c. Rezar: ....

d. Desteñir: ....

e. Variar: ....

8. Enlaza los verbos que pertenezcan al mismo grupo:

a. Averigüe.

b. Restringid.

c. Prosiga.

d. Actúo.

e. Reniega.

1. *protejamos*.

2. *evacuamos*.

3. *paguen*.

4. *amortigua*.

5. *distingues*.

9. Escribe los infinitivos de los verbos del ejercicio 8 y di en qué tiempos presentan algún tipo de modificación:

a: ....

....

b: ....

....

c: ....

....

d: ....

....

e: ....

....

10. Completa las frases conjugando los verbos en imperfecto de subjuntivo:

a. Si tú (sonreír) más, estarías más atractiva.

a. ....

b. No me extrañaría que ellos (reñir) otra vez.

b. ....

c. Si vosotros (freír) el pescado, os saldría más bueno.

c. ....

d. No me creo que Pedro (zambullirse) en el agua.

d. ....

e. ¿Y si el vestido (desteñir)?

e. ....

19 Auxiliares y construcciones verbales

1. Pon las siguientes frases en pasiva refleja:

a. Entonces averiguaron la verdad.

a. ....

b. Aquel día detuvieron al ladrón.

b. ....

c. Reeligieron al presidente.

c. ....

d. Vendieron los pisos a buen precio.

d. ....

e. No hablaron del tema.

e. ....

2. Pon en voz pasiva:

a. El profesor tradujo el texto.

a. ....

b. Los alumnos corrigieron las faltas.

b. ....

c. El guía les condujo al castillo.

c. ....

d. Los empleados denunciaron el fraude.

d. ....

e. La prensa difundió la noticia.

e. ....

Y ahora en voz activa:

a. Estas cartas han sido escritas por sus hijos.

a. ....

b. Los contrabandistas fueron descubiertos por la policía.

b. ....

c. Los espectadores son colocados por el acomodador.

c. ....

d. Los ministros serán nombrados por el Presidente.

d. ....

e. Los candidatos eran reconocidos por un médico.

e. ....

3. Completa las frases eligiendo una de las formas verbales propuestas y poniéndolas en presente:

Sorprender	Doler	Sonar	Quedar bien	Encantar

a. No te .... ese traje.

b. Le he comprado bombones. Sé que le ....

c. Me .... esa cara.

d. ¿Te .... los pies?

e. Me .... que se vaya tan pronto.

4. Elige uno de los verbos del cuadro para reemplazar a las formas verbales señaladas:

Arreglárselas	Antojársele	Dárselas de	Ocurrírsele	Hacérsele

a. **Me resulta** muy difícil hablarle del tema.

a. ....

b. Con todo lo que les doy, ¡y aún **les parece** poco...!

b. ....

c. **Presume** de listo.

c. ....

d. ¿No **te ha dado** nunca **la idea de** estudiar idiomas?

d. ....

e. Ellos solos **se desenvuelven** muy bien.

e. ....

5. Pon en forma afirmativa:

a. No os vistáis.   a. ....

b. No te sientas culpable. b. ....

c. No nos vayamos.   c. ....

d. No os pongáis a estudiar ahora. d. ....

e. No se disculpe.   e. ....

6. Completa con el auxiliar que convenga:

a. Inés, ¿ .... terminado ya de hacer los deberes?

b. Los .... terminando.

c. Esa película .... rodada el mes pasado en Almería.

d. ¿ .... preparada la comida?

e. Aún no me .... dicho lo que te pasa.

7. Corrige los errores cuando encuentres alguno:

a. Lo pienso hacer; soy decidido.

a. ....

b. ¡Qué bueno es hoy el cocido!

b. ....

c. Hoy no te invito porque soy pobre.

c. ....

d. ¿Está nuevo ese vestido? Es precioso.

d. ....

e. ¡Déjalos ahora que son tranquilos!

e. ....

f. Tiene mala cara, no está muy católico.

f. ....

8. Transforma las frases utilizando Ser o Estar:

> Ej.: Se cae de cansancio. ➡ **Está** muy cansado.

a. Siempre se quejaba de su mala suerte.

a. ....

b. Se pasó todo el día acostado.

b. ....

c. Se trata de un problema importante.

c. ....

d. No quieren que me quede aquí.

d. ....

e. Cuando llegue el día de tu santo, avísame.

e. ....

Y ahora di lo mismo utilizando el verbo Ser:

a. ¿En qué día estamos?　　　a. ....

b. Estamos a lunes.　　　　　b. ....

c. Estamos en primavera.　　 c. ....

d. Estamos en marzo.　　　　d. ....

e. Estamos en 1994.　　　　　e. ....

9. Señala la respuesta correcta:

a. ☐ **Era** por quedarse un poco más.
   ☐ **Estaba**

b. Cada día ☐ **está** más antipático.
ㅤㅤㅤㅤ☐ **es**

c. ¿Dónde ☐ **estuvo** la reunión?
ㅤㅤㅤㅤ☐ **fue**

d. Eso ☐ **es** por demostrar.
ㅤㅤㅤ☐ **está**

e. Juan ☐ **es** muy entendido en arte.
ㅤㅤㅤㅤ☐ **está**

f. ¡No hagas eso, que ☐ **es** muy feo!
ㅤㅤㅤㅤㅤㅤㅤ☐ **está**

g. Tomás no ☐ es **tan** feo como dicen.
ㅤㅤㅤㅤㅤ☐ **está**

h. ☐ **Estaría** mejor dejarlo.
ㅤ☐ **Sería**

i. Miguel ☐ **está** mejor últimamente.
ㅤㅤㅤㅤㅤ☐ **es**

j. ☐ **Era** intentando descansar.
ㅤ☐ **Estaba**

10. Completa el siguiente fragmento de este cuento con Ser o Estar:

— ¡Tan-tan! —pegaron con las patas.
— ¿Quién .... ? —respondió el almacenero.
— .... los flamencos. ¿Tienes medias coloradas, blancas y negras?
— No, no hay —contestó el almacenero...— Ustedes .... locos. .... con seguridad flamencos locos...
— Aquí .... las medias —les dijo la lechuza...
Las víboras no podían ver bien de qué .... hechas aquellas preciosas medias... Las víboras de coral, sobre todo, que .... muy inquietas..., pidieron en seguida a las ranas sus farolitos, que .... bichitos de luz... Y vieron qué ....
aquellas medias...
— ¡No .... medias! —gritaron las víboras—. ¡Sabemos lo que .... ! ¡Las medias que tienen .... de víboras de coral!
Las víboras de coral .... se-guras de que los flamencos iban a morir, porque la mitad, por lo menos, de las víboras de coral que habían mordido a los flamencos .... venenosas.
Pero los flamencos no murieron... Gritaban de dolor, y sus patas, que .... blancas, ... entonces coloradas por el veneno de las víboras..., ... envenenadas.
Y ahora todavía .... los flamencos casi todo el día con sus patas coloradas metidas en el agua, tratando de calmar el dolor que sienten en ellas...
Esta .... la historia de los flamencos, que antes tenían las patas blancas y ahora las tienen coloradas. Todos los peces saben por qué .... , y se burlan de ellos.

Las medias de los flamencos
Horacio Quiroga

Modo indicativo. Valores y usos del indicativo en oraciones subordinadas

20-21

1. **Enlaza cada frase con lo que exprese el verbo señalado y di de qué tiempo se trata:**

a. Cuando llegamos, ya **habían cerrado**.
b. Cuando te decidas, ya **se habrán ido**.
c. **Te quedarás** aquí y **esperarás** a que yo vuelva.
d. Si hubiera ido, te **habría llamado**.
e. Apenas **hube comido**, me acosté.

1. *Acción futura anterior a otra futura* (Tiempo: ....).
2. *Orden, valor de imperativo* (Tiempo: ....).
3. *Acción pasada y concluida* (Tiempo: ....).
4. *Probabilidad* (Tiempo: ....).
5. *Acción pasada anterior a otra pasada* (Tiempo: ....).

2. **Inventa frases que expresen:**

a. Una acción habitual: ....
b. Un consejo: ....
c. Una acción pasada que perdura en el presente: ....
....
d. Una acción pasada acabada: ....
e. Una orden: ....

3. **Coloca los verbos dados en su lugar adecuado, poniéndolos en pretérito indefinido o pretérito imperfecto de indicativo, según convenga:**

Estar	Llamar	Ser	Abrir	Esperar	Ponerse	Saber
Decidirse	Ser	Ir	Poder	Querer	Tener	Estar	Haberse

Teresa .... estudiando cuando alguien .... al timbre. .... ya muy tarde y ella no .... a nadie. .... algo nerviosa. No .... si abrir la puerta o no. Al final, ... y .... un compañero de clase que .... unos apuntes para el examen que ambos .... al día siguiente. Resulta que el teléfono de Teresa .... averiado y ella ni .... enterado, así que su amigo no .... avisarle de que .... a ir a su casa.

4. **Corrige los errores que encuentres en los tiempos verbales:**

a. Ayer me he encontrado con Felipe en el restaurante.
a. ....

b. Le ha dado la gripe hace una semana, pero ya estaría bien.

b. ....

c. Esta mañana se fue muy temprano.

c. ....

d. ¿Has visto eso que colgaron allí?

d. ....

e. Acabo de llegar. Estaba fuera varios días.

e. ....

5. **Sustituye los tiempos señalados por otros que puedan expresar lo mismo:**

a. Si supiera dónde está, **iba** ahora mismo a buscarle.

a. ....

b. Estaba haciendo cola, **llega** una señora y **se cuela**.

b. ....

c. **Aparquen** ahí y **bajen** del coche.

c. ....

d. Tomás **va a pensar** que ya no vamos.

d. ....

e. ¿**Busca** Vd. algo?

e. ....

6. **Transforma en oraciones causales, empleando los diferentes enlaces que conozcas:**

a. No puedo hacer el pastel. No tengo bastante azúcar.

a. ....

b. Sabes mucho francés. Ayúdame a traducir este artículo.

b. ....

c. Hace sólo dos meses que empezó a trabajar. Aún no tiene vacaciones.

c. ....

d. No guardan silencio. No sigo hablando.

d. ....

e. Es muy pesado. No me apetece verle.

e. ....

7. **Transforma en oraciones consecutivas, empleando los diferentes enlaces que conozcas:**

a. Este verano vamos a pintar la casa. No nos vamos de vacaciones.

a. ....

b. No quedaba sitio. No podemos ir.

b. ....

c. Mañana es fiesta. No trabajo.

c. ....

d. Ha sacado la mejor nota. Le hemos hecho un regalo.

d. ....

e. Tengo una reunión a mediodía. No puedo invitarte a comer.

e. ....

8. Convierte las siguientes oraciones interrogativas en interrogativas indirectas:

a. ¿Quién será?

a. ....

b. ¿Qué querrá a estas horas?

b. ....

c. ¿Te has dejado tú la luz encendida?

c. ....

d. ¿La puedes apagar?

d. ....

e. ¿Qué pasa ahora?

e. ....

9. Haz una sola oración comparativa con las dos dadas:

a. Ahora nos vemos a menudo. Antes nos veíamos poco.

a. ....

b. Sigue siendo un vago, como el año pasado.

b. ....

c. Esta feria ha tenido bastante éxito. La anterior tuvo poco.

c. ....

d. Con el cambio de hora, ahora oscurece más temprano.

d. ....

e. Aquí también hay muchos turistas, como en la Costa del Sol.

e. ....

10. Completa con Más (...) que / Más (...) de lo que:

a. Hay que esperar .... pensábamos.

b. Su casa es .... antigua .... lo es la mía.

c. Tienen un piso .... grande .... el de antes.

d. Ha sido .... fácil .... creía.

e. Se tarda .... habíamos previsto.

Modo subjuntivo. Valores y usos del subjuntivo en oraciones subordinadas

1. Señala la respuesta correcta:

a. Estoy seguro de que ☐ **venga** esta noche.
   ☐ **vendrá**

b. Creen que nos ☐ **estemos** burlando de ellos.
   ☐ **estamos**

c. No nos extrañaría que lo ☐ **hicieran**.
   ☐ **hagan**

d. ¿Os apetece que ☐ **juguemos**?
   ☐ **jugamos**

e. No creo que ☐ **haya** que rellenar ningún formulario.
   ☐ **hay**

2. Elige el modo adecuado:

a. ¡Date prisa! ¡No **tardas / tardes** mucho!

b. ¡Que no se te **olvida / olvide** traerme algo!

c. ¡Ojalá **vuelves / vuelvas** pronto!

d. ¡Quién **tuviera / tenía** una casa así!

e. Quizás **llama / llame** por teléfono cuando llegue.

3. Transforma estas órdenes en prohibiciones:

a. Suponte que vienen.
a. ....

b. Traducid este texto.
b. ....

c. Reconcíliate con él.
c. ....

d. Saca la cerveza del frigorífico.
d. ....

e. Prepárense para salir.
e. ....

4. Transforma según el modelo:

> Ej.: Si llueve como si no, iremos a la playa. ➡ Iremos a la playa **llueva o no**.

a. Si te gusta como si no, tendrás que hacerlo.
a. ....

b. Si me hace caso como si no, se lo diré.

b. ....

c. Si me está bien como si no, me lo pondré.

c. ....

d. Si le conviene como si no, tendrá que aguantarse.

d. ....

e. Si se van como si no, veré la película.

e. ....

5. Completa las frases poniendo los verbos en el modo que convenga:

a. A él no le han invitado, que yo (saber) ....

b. Nunca te habías puesto ese vestido, que yo (recordar) ....

c. Casi nunca van juntos, que yo (ver) ....

d. Lo que (poderse) .... hacer, se hará.

e. Luisa no (haberse) .... enterado aún, quizás.

6. Corrige los errores:

a. Dudo que dicen la verdad.

a. ....

b. No es posible que estaban aquí ya.

b. ....

c. No hace falta que me ayudas.

c. ....

d. Siento que no puedes acompañarnos.

d. ....

e. No estoy de acuerdo con lo que digas.

e. ....

7. Elige entre los verbos dados para completar las frases, poniéndolos en el modo que sea necesario:

Haber	Saber	Reconocer	Hacer	Querer

a. Te lo diré así que te .... tranquilizado.

b. Buscamos un restaurante donde .... comida típica.

c. Necesitan una secretaria que .... alemán.

d. Harán lo que ....

e. Escribe de manera que no .... su letra.

8. Da un ejemplo de oración:

a. Temporal: ....

b. Concesiva: ....

c. De lugar: ....

d. Modal: ....

e. Condicional: ....

9. ¿Indicativo o subjuntivo?:

a. Quisiera un abrigo que **lleve / lleva** capucha.

b. Si **hubierais / habíais** estado aquí, os habríamos invitado.

c. No me lo creeré aunque me lo **promete / prometa** .

d. Se lo diré para que lo **sepa / sabrá**.

e. ¿Piensas pasar por aquí cuando **sales / salgas**?

10. Introduce cada una de las oraciones dadas por Es como si:

> Ej.: Parece que no **está**. ➡ **Es como si** no **estuviera**.

a. Parece que no nos **quiere** ver.

a. ....

b. Da la impresión de que no **hay** nadie.

b. ....

c. Parece que se **aburre**.

c. ....

d. Parece que no **tienen** dinero.

d. ....

e. Parece que no se **encuentra** bien.

e. ....

24 Criterios de uso indicativo/subjuntivo en algunos casos

1. **Une estas dos oraciones de manera que la última pase a ser la primera:**

a. Escucha bien lo que te digo. Es importante.

a. ....

b. Ya no se fía de ti. Es lógico.

b. ....

c. No vendrán mañana. Es verdad.

c. ....

d. Se ha estropeado la lavadora. Es cierto.

d. ....

e. Las flores ya están marchitas. Es normal.

e. ....

2. **Pon ahora las frases obtenidas en forma negativa:**

a. ....
b. ....
c. ....
d. ....
e. ....

3. **Completa el texto poniendo los verbos señalados en presente de indicativo o de subjuntivo, según convenga:**

> **Consejos para evitar accidentes:**
>
> a. Neumáticos. Si el dibujo (1) .... menos de 1,6 milímetros de profundidad o si (2) .... deformaciones o fisuras en las bandas laterales, es conveniente que Vd. (3) ....
>
> b. Frenos. Es aconsejable que el pedal no (4) .... demasiado al pisarlo y que la respuesta (5) .... inmediata.
>
> c. Circuito de refrigeración. Cuando (1) .... que echar más agua o anticongelante, es preferible dejar que (6) .... y poner el motor en marcha.
>
> d. Luces. Es importante que (7) .... del buen funcionamiento de todas ellas.
>
> e. Asistencia. Si el coche (8) .... de garantía, es recomendable que Vd. (9) .... un seguro de asistencia.
>
> f. Antes de salir de viaje. Es preciso que Vd. (10) .... los niveles de aceite, agua y depósito del limpiaparabrisas.

(1): Tener.	(4): Bajar.	(7): Asegurarnos.	(10): Comprobar.
(2): Haber.	(5): Ser.	(8): Carecer.	
(3): Cambiarlos.	(6): Enfriarse.	(9): Hacerse.	

4. Transforma las oraciones condicionales (con Si) de los puntos *a* y *e* del texto anterior en oraciones temporales (con Cuando):

a. ....
....
....

e. ....
....
....

5. Subraya el modo correcto:

> **– Rotura de parabrisas.**
> Aunque la mayoría de los coches actuales **llevan/lleven** parabrisas lami-nado, en caso de que su coche no lo **tenga/tiene** y se le **rompa/rompe**, es mejor que **pare/para** a quitar los trozos de cristal que se **quedan/que-den** en las gomas. Más vale que lo **haga/hace**, para que no le **dañan/da-ñen** los ojos. Después, como le **moleste/molesta** mucho el aire, ponga una cuerda de lado a lado, a nivel de los ojos, para que **desvía/desvíe** los flujos hacia arriba.

6. Transforma el texto según el modelo:

> **– Avería en los limpiaparabrisas.**
> a. Si de repente sus limpiaparabrisas dejan de funcionar, puede solucio-nar momentáneamente el problema con una patata.
> b. Si para en el bar más cercano y pide que le partan una por la mitad, la pasará por todo el cristal.
> c. Si lo hace, las gotas de lluvia se deslizarán mejor y tendrá más visibi-lidad.
>
> **– Pinchazos.**
> d. Si pincha una rueda, no pare en la cuneta y siga hasta encontrar un sitio apropiado.
> e. Si utiliza el gato en el arcén, pondrá en peligro su vida, pues se expo-ne a que le atropellen.

> Ej.: a. Si de repente sus limpiaparabrisas **dejaran** de funcionar, **podría** solucionar momentáneamente el problema con una patata.

b. ....
....

c. ....
....

d. ....
....

e. ....
....

7. Vuelve a leer todos los textos (en ejercicios 3, 5 y 6) y anota:

a. Las expresiones que vayan siempre con subjuntivo:

....

....

b. Los nexos que puedan ir con indicativo o subjuntivo:

....

....

8. ¿Indicativo o subjuntivo?:

a. Te has vestido como si (ir) .... de fiesta.

b. Reaccionó como si no (importarle) ....

c. Si aceptas como si no (aceptar) .... , tienes que contestar.

d. Si tienen fiebre como si (encontrarse) .... bien, no se levantarán aún.

e. Se te oye como si (estar) .... muy lejos.

9. Completa las frases con una partícula adecuada:

a. Llévate las llaves .... no estoy aquí cuando vuelvas.

b. No te preocupes. .... llegaremos a tiempo.

c. Nunca me saluda .... me ve.

d. Seguirá viviendo aquí .... tenga trabajo.

e. .... no arrancó el coche, cogimos un taxi.

10. Inventa frases que expresen condición con:

a. Un gerundio: ....

b. Un infinitivo: ....

c. Un participio: ....

Da ahora un ejemplo de:

d. Condición realizada: ....

e. Condición irrealizable: ....

25 Modo imperativo

1. **Pon en forma negativa los siguientes imperativos:**

a. Cógelo.   a. ....

b. Dímelo.   b. ....

c. Traedlo.   c. ....

d. Pidámoslo.   d. ....

e. Cocedlos.   e. ....

2. **Pon los siguientes imperativos en primera persona del plural:**

a. Refréscate.   a. ....

b. Acuéstate.   b. ....

c. Date una vuelta.   c. ....

d. Pásatelo bien.   d. ....

e. Díganselo.   e. ....

3. **Pon ahora estos imperativos en segunda persona del plural:**

a. Ríase.   a. ....

b. Váyase.   b. ....

c. Tóquelo.   c. ....

d. Bébetelo.   d. ....

e. Acuéstese.   e. ....

4. **Completa con un imperativo, eligiendo entre los verbos dados:**

Pagar	Oír	Ponerse	Distribuir	Montarse

> Ej.: Aquí **tiene su libro**. ➡ **¡Léalo!**

a. Aquí están vuestros pantalones.   a. ....

b. Aquí tienes las cartas.   b. ....

c. Aquí están sus discos.   c. ....

d. Aquí está tu bicicleta.   d. ....

e. Aquí tiene la factura.   e. ....

5. **Completa las frases poniendo en imperativo el mismo verbo que está en infinitivo:**

a. Si quieres pedírselo, ...

b. Si te apetece hacerlo, ...

c. Si piensan fotografiarnos, ...

d. Si queréis traerle flores, ...

e. Si va a decírnoslo, ...

6. Pon las frases del ejercicio anterior en forma negativa:

a. ....
....

b. ....
....

c. ....
....

d. ....
....

e. ....
....

7. Subraya los errores que encuentres en los consejos dados a un español que se va a estudiar al extranjero y corrígelos:

- Procuras que no sea una ciudad demasiado turística.
- Elegi una empresa con experiencia en este tipo de viajes.
- Dega muy claras las condiciones de alojamiento.
- Comproba el número total de horas lectivas.

- Infórmaste de la documentación necesaria para entrar en el país.
- Tengas cuidado con los documentos que firmes.
- Exijes seriedad en precios y condiciones de pago.
- Pregunte si habrá muchos españoles en los mismos cursos.

Corrección de los errores: ....
....
....
....
....
....
....
....
....

8. Reproduce directamente las palabras que dijeron:

Ej.: Me dijo que saliera. ➡ ¡Sal!

a. Nos dijo que nos fuéramos.   a. ....
b. Nos dijo que fuéramos amables. b. ....
c. Os dijimos que os durmiérais.   c. ....
d. Les dijimos que se diesen prisa. d. ....
e. Le dije que se moviera.   e. ....

9. Conjuga los verbos entre paréntesis del siguiente texto en imperativo (tercera persona del singular):

Este puente tiene que cruzarlo dos veces

(Disfrutar) .... cuanto pueda de estas cortas vacaciones. Pero (pensar) .... que el puente que le ha traído hasta aquí, es también el camino de vuelta a casa. Y al otro lado hay mucha gente que le espera. Cuando llegue la hora de partir, (seguir) .... nuestros consejos.

En los largos desplazamientos:
— (Revisar) .... los puntos vitales de su vehículo.
— (Abrocharse) .... siempre el cinturón.
— (Respetar) .... los límites de velocidad.
— (Mantener) .... la distancia de seguridad.
— No (adelantar) .... sin visibilidad.
— Al mínimo síntoma de cansancio, no (conducir) ....
— (Ponerse) .... el casco si viaja en moto o ciclomotor.
    (Seguir) .... estos consejos también en los trayectos cortos.

La vida es el viaje más hermoso
Dirección General de Tráfico. Ministerio del Interior.

10. Mismo ejercicio que el anterior, poniendo ahora los verbos señalados en tercera persona del plural:

Consejos para buscar empleo

— **Empezar** por redactar un buen currículo.
— **Ir** a la Cámara de Comercio e Industria y **buscar** en el anuario de empresas las que correspondan a sus posibilidades.
— **Dirigir** el currículo al jefe de selección de personal o de recursos humanos.
— **Enviar** el currículo a las empresas elegidas.
— **Contestar** a todas las ofertas de empleo que parezcan interesantes, aunque se carezca de experiencia.
— No **quedarse** nunca parados. **Hacer** cursillos para alimentar su formación.
— No **olvidar** mandar también currículos a las consultoras.
— **Reforzar** la búsqueda de empleo con las visitas personales.

....
....
....
....
....
....
....
....

26 Concordancia de los tiempos

1. **Termina de poner estas frases en pasado:**

a. Cuando te veo por primera vez, sé que eres el hombre de mi vida.
a. Cuando te vi por primera vez, ...

b. No producen tanto como dicen.
b. No produjeron tanto como ....

c. Debo confesarte que no es tu madre la que lo hace.
c. Debí confesarte que no ....

d. Sé que nunca me abandonarás.
d. Sabía que nunca me ....

e. ¿Crees que siempre voy contigo por interés?
e. ¿Creíste que siempre ....?

2. **Señala la o las respuestas correctas:**

a. Me hubiera extrañado mucho que te ☐ **hubieras** atrevido.
☐ **hayas**
☐ **habrías**

b. Me dijo que te convenciera para que ☐ **vendrás**.
☐ **vinieras**
☐ **hayas venido**

c. Se habría imaginado que le ☐ **iban** a invitar.
☐ **irían**
☐ **van**

d. Me da la impresión de que ☐ **estaba** algo deprimido.
☐ **ha estado**
☐ **está**

e. No creo que ☐ **han** salido aún de la reunión.
☐ **hayan**
☐ **habrán**

3. **Pon el texto del siguiente anuncio en presente:**

> Te castigaron, pero tenías razón.
> Dijiste que cuando fueras mayor tendrías más de 2.000 casas de vacaciones en España y el Mundo entero, y acertaste.

....
....
....
....

4. **Sigue completando ahora el mismo anuncio, poniendo los verbos en presente:**

Las clásicas vacaciones (ir) .... quedando atrás y (ser) .... sustituidas por fórmulas mucho más modernas e inteligentes. Hoy (considerarse) .... un atraso cargar con los gastos de una propiedad convencional para utilizarla tan sólo unos días al año, al igual que no es lógico que el gasto que año tras año (irse) .... realizando (ir) .... a fondo perdido.
Conozca el nuevo sistema que (permitir) .... pasar cada año las vacaciones en un sitio distinto ahorrando dinero.
Hay un millón de familias que (disfrutar) .... del sistema de vacaciones Atlas. Atlas, un millón de amigos.

5. **Transforma estas frases introduciéndolas con Decía que si:**

a. Si puedo ayudarte en algo, te ayudaré.
a. ....

b. Si te molesta que lo haga, no lo haré.
b. ....

c. Si prefieres esperar, espera.
c. ....

d. Si consigues enterarte, dímelo.
d. ....

e. Si quieres hacerlo, hazlo.
e. ....

6. **Subraya la forma verbal correcta:**

a. Yo no he dicho que lo **habría / haya** hecho él.
b. Necesitaríamos que nos **hagan / hicieran** un préstamo.
c. Aún no sabe que nos **iremos / vayamos** mañana.
d. No es nada probable que **podemos / podamos** ir.
e. ¿Cuándo te darás cuenta de que lo **hago / haga** por ti?

7. **Transforma el texto del siguiente anuncio poniendo los verbos como lo exija el verbo de introducción:**

¿Dónde vas a estar mejor que en casa?
Si huyes de la vulgaridad y te quieres escapar de la decoración en serie, te invitamos a nuestra Casa. En ella encontrarás toda la información que necesitas para que le saques el máximo partido a tu casa. En todos sus rincones descubrirás miles de ideas. Conocerás las casas más modernas y vanguardistas del mundo. Los estilos de decoración y las tendencias que se van a llevar a partir de ahora. Si te quieres sentir a gusto en casa, no lo dudes. Te esperamos en La Casa de Marie Claire.

Si **huyeras** de la vulgaridad y te ....
....

....

....

....

....

....

....

8. Coloca los verbos dados en su lugar adecuado, poniéndolos en el tiempo del pasado que sea necesario:

Ser	Estudiar	Hacer	Contar	Perder
Ser	Nacer	Tener	Trabajar	Ser
Irse	Dedicarse	Ser	Romper	Regresar
Intervenir	Ser prohibido	Causar	Acomodarse	Mantener
Conocer	Marchar	Llegar	Regresar	Hacer

Luis Buñuel

.... el 22 de febrero de 1900 en Calanda (Teruel). .... el mayor de siete hijos de un indiano que ....de Cuba con dinero.
.... su primera crisis ideológica en un colegio de jesuitas. Anticlerical profundo, ... amistad con jesuitas y dominicos.
.... Letras en Madrid. .... a Lorca y a Alberti. En 1925 .... a París con Dalí. Con dinero de su madre y guión de Dalí .... *Un perro andaluz* (1928).
Buñuel y Dalí .... su amistad durante *La edad de oro* (1930), su segundo filme. El estreno en París .... disturbios de la extrema derecha.
Tras volver a España, en 1931 .... a Hollywood, pero no .... al estilo norteamericano y ....
En 1932 .... el documental *Las Hurdes, tierra sin pan*, que............... .... por la censura republicana.
Con su madre .... socio capitalista de Filmófono. Como productor ejecutivo, ... en el rodaje de cuatro películas...
Durante la guerra civil .... agregado cultural de la Embajada de España en París. .... a tareas cinematográficas de propaganda republicana.
Después de la guerra .... a Estados Unidos con su mujer y su hijo. .... en la cinemateca del Museo de Arte Moderno de Nueva York y en Hollywood.
En 1942, Dalí .... que Buñuel .... ateo y marxista y Buñuel .... su trabajo (•••).

9. Conjuga los verbos que están entre paréntesis en el tiempo adecuado:

(•••) Cuando Buñuel se trasladó a México, (aceptar) .... la nacionalidad mexicana.
Rodó *Los olvidados* y (recibir) .... el premio especial del jurado de Cannes en 1951.

En 1959, Cannes volvió a premiarle por *Nazarín*, donde Francisco Rabal (hacer) .... el papel de sacerdote evangélico.

En 1961 ganó la Palma de Oro de Cannes para España con *Viridiana*. La censura le obligó a que (cambiar) .... el guión.

Para hacer *Viridiana* en España, Buñuel rompió su promesa de no pisar suelo patrio mientras (persistir) .... la dictadura franquista...

Franco vio la película y ordenó que (destruirse) .... todas las copias que (haber) .... , pero (salvarse) .... una en París. Hubo que esperar a que (llegar) .... el año 1976 para que el filme (poder) .... ser estrenado en España...

Víctima de un cáncer, Buñuel sentía horror de que su vida (poder) .... ser alargada y (expresar) .... su deseo de morir rápidamente. (Morir) .... en México a los 83 años.

Texto de
Javier Laquidain

10. Ahora tienes que volver a redactar varias de las frases del ejercicio anterior. Fíjate en que el verbo principal ya no está en pasado, sino en presente:

a. La censura le obliga a que .... el guión.

b. Buñuel rompe su promesa de no pisar suelo patrio mientras .... la dictadura franquista.

c. Franco ordena que .... todas las copias que ....

d. Hay que esperar a que .... el año 1976 para que el filme .... ser estrenado en España.

e. Buñuel siente horror de que su vida .... ser alargada y .... su deseo de morir rápidamente.

1. **Enlaza cada frase con la función que desempeñe su infinitivo:**

a. Lo peor fue dejarlo solo.

b. Eso es muy difícil de creer.

c. Hacer deporte es sano.

d. En aquella ocasión no pudimos vernos.

e. Quisiera unas zapatillas de estar en casa.

1. *Complemento de verbo.*

2. *Sujeto.*

3. *Atributo.*

4. *Complemento de adjetivo.*

5. *Complemento de sustantivo.*

2. **Transforma según el modelo:**

> Ej.: El juego del mus les encanta. ➠ **El jugar** al mus les encanta.

a. La comida demasiado picante me sienta mal.

a. ....

b. Los truenos me asustan.

b. ....

c. La fiebre es síntoma de infección.

c. ....

d. El baño es relajante.

d. ....

e. Me aburren las conversaciones con ella.

e. ....

3. **Transforma las oraciones subordinadas poniendo en su lugar una preposición + infinitivo:**

> Ej.: En cuanto llegaron, nos llamaron por teléfono. ➠ **Al llegar**, nos llamaron por teléfono.

a. Aunque me haga regalos, no logrará sacarme nada.

a. ....

b. Si piensan comprarlo, decídanse lo antes posible.

b. ....

c. Como llegó tarde, no le dejaron presentarse al examen.

c. ....

d. Cuando salgan, apaguen todas las luces.

d. ....

e. Si se hubiera mudado nos lo habría dicho.

e. ....

4. **Sustituye lo señalado por una perífrasis de infinitivo:**

a. **Supongo que tendrá** unos 50 años.

a. ....

b. **Nos pusimos de acuerdo en repartirlo** todo entre los dos.

b. ....

c. **De repente, llovió** mucho.

c. ....

d. **Al final, pude conseguir** el puesto del que te hablé.

d. ....

e. **Se le ha metido la manía de** coleccionar insignias.

e. ....

5. **Subraya el valor correcto del participio:**

a. Unas parejas bailaban, las mejillas pegadas, otras charlaban.
a. Temporal - Modal - Concesivo - Causal

b. Acabada la fiesta, todo quedó patas arriba.
b. Temporal - Modal - Concesivo - Causal

c. Cerrada la puerta, no pudimos entrar.
c. Temporal - Modal - Concesivo - Causal

d. Resuelto el problema, fuimos a celebrarlo.
d. Temporal - Modal - Concesivo - Causal

e. Cumplidos los 60, corría como un atleta.
e. Temporal - Modal - Concesivo - Causal

6. **Transforma las frases del ejercicio 5 haciendo desaparecer el participio absoluto:**

> Ej.: Terminado el plazo, no pude matricularme. ➡ Como el plazo había terminado, no pude matricularme.

a. ....
b. ....
c. ....
d. ....
e. ....

7. **Transforma empleando Tener + participio:**

> Ej.: Pensamos comprar una casa en la playa. ➡ **Tenemos pensado** comprar una casa en la playa.

a. Le digo que no vaya por allí.
a. ....

b. Os hemos preparado tres sorpresas.

b. ....

c. No hice los ejercicios.

c. ....

d. ¿Piensas decírselo ?

d. ....

e. No lo he decidido.

e. ....

8. **Explica las diferencias que hay entre las siguientes perí-frasis. Di lo que expresa cada una:**

a. **Quedaron en dejarlo** para el día siguiente.

a. ....

b. Anoche **me quedé estudiando** hasta las tres.

b. ....

c. **Queda decidido**: los jueves, tenis.

c. ....

Y ahora entre:

d. Le **dio por llorar** y no había modo de consolarlo.

d. ....

e. Este tema, lo **doy por sabido**.

e. ....

9. **Expresa lo mismo con una perífrasis sinónima:**

a. Llevaría estudiadas 5 lecciones.

a. ....

b. Cuando se enteró, se echó a reír.

b. ....

c. Tendríamos que ser más severos con él.

c. ....

d. Creo que seguirán viéndose.

d. ....

e. No deberá de salir muy caro.

e. ....

10. **Corrige los errores que encuentres:**

a. Elena quedó con llamarme por teléfono.

a. ....

b. Ella me seguía mirada.

b. ....

c. Los niños iban saltados por la calle.

c. ....

d. Se quedó enfadando y silenciosa.

d. ....

e. Se puso hablarme de su trabajo, contarme cosas de sus compañeros.

e. ....

1.- Lee el texto y rellena los huecos colocando los adverbios dados en el lugar que les corresponda:

Un disfraz, una personalidad

El atavismo del disfraz ha llegado hasta nuestros días, aunque ...., ... de connotaciones sociales, posee un importante sesgo psicológico. Para la psicóloga Pilar Cristóbal, «todos llevamos dentro una figura ideal, que, ... puede ser lo .... opuesto a uno mismo, y que emerge con fuerza a la hora de elegir un determinado disfraz».

Según Cristóbal, los disfraces podrían clasificarse en varios grandes grupos:

• **Favorecedores:** princesa, sultán, hada madrina... Los que eligen este tipo de indumentarias se identifican con el poder desde el aspecto seductor. Son personas a las que no les importa llamar la atención siempre que su ego quede a salvo.

• **Autoritarios:** militares, centuriones romanos, policías... Se identifican con el poder establecido desde un aspecto rígido. Hay un fuerte deseo de dominio sobre los demás y de ser obedecidos.

• **Personajes famosos:** .... caben .... tipo de figuras, desde María Antonieta a Papá No-

el, e .... los fantásticos, ... la bruja. Con esta elección se busca apropiarse de la cualidad preponderante en cada uno de ellos: privilegio, bondad, maldad.... Son los disfraces que .... hablan de la personalidad del que los lleva, ya que seleccionar personajes .... concretos .... esconde .... lo opuesto.

• **Animales:** osos, perros, gatos, pájaros... Se pretende resaltar el aspecto preponderante de cada animal, ... la agresividad, la dulzura o la malicia. Son personas idealistas, distanciadas de la realidad, ... ambiciosas y tendentes a dejarse subyugar.

• **Objetos:** coches, lámparas, sillas... Personas con dificultades para expresar sus emociones; por eso se refugian en lo inanimado. Timidez y dificultades para establecer una buena comunicación con los demás.

• **Cambio de sexo:** muy extendido entre los hombres. Esconde un profundo miedo a las mujeres. Puede significar un alto grado de idealización y frustración a la vez

respecto al trato con el otro sexo.

• **Grupos:** asumen lo colectivo y anulan el factor individual. Se trata de personas sociales y solidarias.

• **Rompedores:** prostitutas, miembros del clero... Su objetivo es enfrentarse a la norma. Seguros de sí mismos, son personas reivindicativas, rebeldes y muy individualistas.

• **Ocultan la cara:** mediante antifaces, caretas o por la misma naturaleza del disfraz. La máscara da más fuerza para vivir la *fantasía* de ser otro. Es la misma esencia del carnaval y no posee ninguna connotación psicológica. ¡Únicamente unas estupendas ganas de divertirse e identificarse con la fiesta!

• **Situaciones anómalas:** accidentados, tonto del pueblo... Puede esconder resentimientos, complejos o problemas de personalidad, ya que se escoge ridiculizar desgracias ajenas. Es la parte más negativa de ser otro.

Texto de
Ana Marcos

Toda la historia

Los disfraces juegan un papel importante en las fiestas de carnaval. Disfrazarse es una de las costumbres más antiguas en la historia de la humanidad y parece ser que procede de la institucionalización de la transgresión. En épocas muy remotas (asirios, babilonios...), los estratos sociales se distinguían claramente por su indumentaria, y estaba absolutamente prohibido salirse de esta norma. Sin embargo una vez al año esta rigidez se liberaba y las normas en cuanto a vestimenta dejaban de regir. Los ricos se disfrazaban de pobres, y viceversa, en medio de grandes celebraciones, que podían coincidir con la recolecta de la nueva cosecha, la matanza o la antesala de periodos religiosos de austeridad. Este es el caso del catolicismo, que sitúa sus carnavales justo antes de que dé comienzo la Cuaresma.

Incluso	Aquí	Todo	Normalmente	Como	Hoy	Más
Claramente	Además	Precisamente	Poco	Además	Tan	Como	Más

2. **Clasifica ahora dichos adverbios en:**

a. Adverbios de lugar: ....

b. Adverbios de tiempo: ....

c. Adverbios de cantidad: ....

d. Adverbios de modo: ....

3. **Busca en el texto otros adverbios que puedas clasificar en los mismos grupos que los anteriores:**

a. Adverbios de lugar: ....

b. Adverbios de tiempo: ....

c. Adverbios de cantidad: ....

d. Adverbios de modo: ....

4. **Cita tres ejemplos más de adverbios del mismo tipo:**

a. Adverbios de lugar: ....

b. Adverbios de tiempo: ....

c. Adverbios de cantidad: ....

d. Adverbios de modo: ....

5. **Busca ahora todas las locuciones adverbiales que haya en el texto y clasifícalas según lo que expresen:**

a. ....: ....

b. ....: ....

c. ....: ....

6. **Transforma estos adverbios en -mente utilizando en su lugar la locución Con + sustantivo:**

Ej.: Amorosamente ➦ Con amor

a. Claramente.   a. ....

b. Precisamente.   b. ....

c. Normalmente.   c. ....

d. Fuertemente.   d. ....

e. Dulcemente.   e. ....

7. **Da los adverbios de modo derivados de los siguientes sustantivos:**

Ej.: Claridad ➦ Claramente

a. Atención.   a. ....

b. Agresividad.   b. ....

c. Bondad.   c. ....

d. Fantasía.   d. ....

e. Dificultad.   e. ....

8. **Transforma las frases introduciendo los verbos señalados con distintos adverbios o locuciones adverbiales de duda:**

> Ej.: **Esconde** un profundo miedo a las mujeres. ➠ **Tal vez esconda** un profundo miedo a las mujeres.

a. **Significa** un alto grado de idealización y frustración a la vez respecto al trato con el otro sexo.

a. ....

b. **Es** lo más opuesto a uno mismo.

b. ....

c. **Eligen** este tipo de indumentarias porque se identifican con el poder desde el aspecto seductor.

c. ....

d. La máscara **da** más fuerza para vivir la fantasía de ser otro.

d. ....

e. **Se disfrazan** para esconder su timidez.

e. ....

9. **Contesta a las preguntas utilizando adverbios o locuciones adverbiales de afirmación o negación:**

a. ¿Te gusta disfrazarte? ¡A mí sí!

a. ....

b. Yo me disfrazo únicamente por divertirme, ¿y tú?

b. ....

c. ¿Estás de acuerdo en que los disfraces se eligen según la personalidad? Yo no.

c. ....

d. ¿Crees, como dice el texto, que los que se disfrazan de animal son idealistas?

d. ....

e. ¿Has estado alguna vez en un carnaval famoso (Venecia, Brasil, Tenerife...)?

e. ....

10. **Enlaza los términos que puedan ser equivalentes:**

a. Por encima.   1. *Excepto.*
b. Lejos de.   2. *De hecho.*
c. Ojalá.   3. *A la ligera.*
d. En realidad.   4. *En vez de.*
e. Fuera.   5. *Así.*

31 La preposición

1. **Pon todas las preposiciones que se han escapado del primer párrafo del texto y del de Serpientes:**

El turista camuflado

Es tiempo .... verano y tiempo .... viajes. Tanto si queremos emular .... Marco Polo como si optamos .... unos destinos más convencionales, hay pequeños detalles que pueden malograr el mejor encuentro. .... ello, no está .... más incluir una serie .... consejos que nos permitan pasar lo más inadvertidos posible.

● **Aseos.** Aunque se encuentre en una aldea remota no crea que todo el monte es orégano a la hora de hacer sus necesidades. En muchos lugares, incluida la jungla, los poblados delimitan las zonas específicas para ello, con un sector de hombres y otro de mujeres. Infórmese antes de dónde tiene que dirigirse, aunque corre el riesgo de que le acompañen para que no se confunda de sitio.

● **Besos.** Si desea sellar el comienzo de una buena amistad con un tradicional par de besos, corre el riesgo de dejar alguna mejilla desatendida. En lugares como Francia o Suiza, por ejemplo, se acostumbra a dar tres o cuatro besos. Por el contrario, en gran parte del Tercer Mundo es muy conveniente abstenerse, ya que se desconoce completamente el beso como forma de saludo.

● **Cambio.** En muchos países suele haber diferencias abismales entre el cambio oficial y el cambio en el mercado negro. A pesar de los riesgos inherentes, conviene recurrir al mercado negro, pero, eso sí, nunca de modo exclusivo, ya que en algunos lugares pueden requerirle a la salida que demuestre que ha cambiado dinero a la tarifa oficial.

● **Distancia.** Los mediterráneos presumimos de ser gente muy cariñosa, y para algunos pueblos hay cariños que matan. Cuando hablamos con la gente, nos van las distancias cortas, algo muy molesto para los anglosajones y asiáticos, muy recelosos de la proximidad física.

● **Enchufe.** Todos los aparatos eléctricos que no van a pilas quedarán inutilizados al comprobar con horror que los enchufes no tienen dos agujeros redondos, sino dos rendijas. Esto es muy corriente en el continente americano y, muchas veces, encontrar un simple adaptador puede constituir toda una odisea.

● **Enfermedades.** Para viajar a muchos países es obligatorio vacunarse. Pero aun así, no baje la guardia. El agua es el principal causante de problemas, y conviene evitar tomar cualquier agua que no sea mineral (y abierta delante de nosotros). Esto incluye el agua para el aseo personal y los cubitos de hielo, que son muy peligrosos.

● **Fotos.** Tomar una inofensiva fotografía puede desencadenar pequeñas tragedias. Así, por ejemplo, si desea inmortalizar un exótico encuentro con un judío ortodoxo, no lo intente, pues sacarle una foto significa para él que le está robando el alma.

● **Fumar.** Actualmente, en Estados Unidos, encender un cigarrillo supone una declaración de guerra con su entorno, y eso si se lo permiten, cosa poco probable en numerosos edificios públicos y privados, así como en gran parte de los vuelos domésticos.

● **Hotel.** Los empleados del hotel se convierten en nuestra familia adoptiva allí donde vamos. Hay que granjearse la simpatía, con una buena propina inicial, de un único empleado, al que transformaremos en nuestro mejor Pigmalión.

● **Idioma.** Incluso si su destino es Suramérica, no debe relajarse. Si se dirige a Argentina, borre de su vocabulario todos los usos del verbo coger, utilizado allí para hacer alusión a la realización del acto sexual. Y no se enfade si se viste de gala para una cena y le dicen que va hecho un churro: significa que va muy elegante.

● **Modales.** La hora de la comida es uno de los principales campos de batalla de los contrastes culturales. En los países árabes una forma de demostrar que le ha gustado la comida con la que ha sido agasajado es eructando. Y en muchos lugares del Tercer Mundo es muy poco apropiado comer, sobre todo cuando no hay cubiertos, con la mano izquierda, que es la mano que se utiliza para la higiene íntima.

● **Nervios.** En cualquier viaje los contratiempos están a la orden del día y hay que asumirlos. Perder los nervios puede ser tremendamente contraproducente en muchas culturas, especialmente en la China, donde cualquier salida de tono se considera una auténtica barbarie.

● **Propina.** Este asunto proporciona los mayores quebraderos de cabeza. En Japón, dar una propina es inaceptable e incluso ofensivo, pues parten de la teoría de que el servicio por el que uno paga ha de ser bueno siempre. En otros países, como Estados Unidos, los camareros viven sólo de la propina, y está institucionalizado el dejar un mínimo de un 15%. En muchos lugares del Tercer Mundo, la propina domina toda la actividad del país y es la única forma de hacer que algo funcione en condiciones.

• **Serpientes,** mosquitos y otros bichitos. Estos encuentros pueden surgir cuando uno menos se lo espera, como .... vestirse después .... haber dormido .... una tienda o .... un lugar bajo. ....

ello no se ponga la ropa y los zapatos .... antes sacudirlos. Si le pica una serpiente y ha logrado matarla, llévela al hospital más cercano para que averigüen el antídoto más adecuado. .... los mosquitos conviene asegurarse una buena provisión .... repelentes, y es aconsejable ir siempre .... pantalón y manga larga. .... el desierto, cuidado .... las piedras, sobre todo .... época calurosa: .... ellas se protegen los escorpiones.

• **Taxi.** Si al llegar a su destino comprueba que los taxis no disponen de taxímetro, es fundamental que concierte de ante-

mano el precio de la carrera. El mejor indicador de las tarifas, para los trayectos que desee realizar, se lo puede facilitar, una vez más, el empleado favorito del hotel.

• **Viaje.** Para que suponga una vivencia enriquecedora con la cultura escogida, evite juzgar con sus propios baremos y desde una perspectiva de superioridad. Recuerde que es usted, y no ellos, el extraño. Sólo así podrá encontrar en su viaje algo más que una mera colección de fotos para enseñar a la hora del café.

Texto de
José Bendaham

2. **Algunos verbos del texto han perdido las preposiciones que les acompañan. Búscalas en el cuadro y escríbelas junto a sus correspondientes verbos:**

De	Por	De	A	De	A	A	De	A	En	De	A

1. Optar ....
2. Dirigirse ....
3. Recurrir ....
4. Correr el riesgo ....
5. Disponer ....
6. Acostumbrar ....

7. Presumir ....
8. Llegar ....
9. Haber ....
10. Confundirse ....
11. Convertirse ....
12. Hacer alusión ....

3. **Elige 5 de los verbos, con sus correspondientes preposiciones, del ejercicio anterior y haz una frase sobre el turismo con cada uno de ellos:**

1. ....
2. ....
3. ....
4. ....
5. ....

4. Cita dos verbos que exijan las siguientes preposiciones:

> Ej.: Con ➡ Comparar con, competir con

a. Para: ....
b. Por: ....
c. En: ....
d. De: ....
e. Hacia: ....

5. Fíjate bien en el empleo de la preposición A en la siguiente frase y di por qué dicha preposición es aquí necesaria:

Para viajar **a** muchos países es necesario vacunarse.

La preposición **A** es necesaria porque ....

Ahora busca en el texto dos frases en las que el empleo de la preposición A siga la misma norma:

1. ....
2. ....

6. Trata de encontrar en el texto un ejemplo en el que la preposición En indique:

1. Lugar: ....
2. Modo: ....
3. Tiempo: ....

7. Por ello / Para ello. En el texto podrás encontrar ejemplos. ¡Mira bien!:

Por ello: ....
Para ello: ....

Ahora invéntate tú otros dos ejemplos:

Por ello: ....
Para ello: ....

8. Elige ahora entre Por / Para en las siguientes frases (a veces, pueden convenir las dos formas):

a. Nunca viajo, **por / para** ello no me interesan estos consejos.
b. ¿Le gustaría hacer fotos aquí? **Por / para** ello, tendrá que pedir permiso.
c. Quiere recorrerse el mundo entero; **por / para** ello necesitará mucho tiempo.
d. Le tiene pánico al avión, **por / para** ello siempre viaja en tren.
e. Tiene que cambiar dinero, **por / para** ello busca un banco.

9. Si buscas bien en el texto, encontrarás sinónimos de los términos dados. Los sinónimos están formados por una o más palabras y una preposición:

> Ej.: Sobrar ⟹ **Estar de más**

a. Contrariamente.   a. ....

b. Deber.   b. ....

c. Principalmente.   c. ....

d. Exclusivamente.   d. ....

e. Ser frecuente.   e. ....

f. Ante.   f. ....

10. Si te has fijado bien en las preposiciones del texto, no tendrás ningún problema a la hora de elegir la preposición correcta:

a. Conocíamos ☐ **sobre** antemano las costumbres de aquel país.
   - ☐ **de**
   - ☐ **por**
   - ☐ **con**

b. Hay que viajar ☐ **a** buenas condiciones.
   - ☐ **por**
   - ☐ **en**
   - ☐ **de**

c. A pesar ☐ **en** que no trabaja, viaja poco.
   - ☐ **por**
   - ☐ **en**
   - ☐ **de**

d. Para esas cenas hay que vestirse ☐ **para** gala.
   - ☐ **por**
   - ☐ **de**
   - ☐ **con**

e. Me gustaría conocer varios países, ☐ **entre** ejemplo Austria.
   - ☐ **para**
   - ☐ **de**
   - ☐ **por**

32-33 La conjunción y la interjección

1. **Elige entre las conjunciones dadas para completar las frases:**

> Pues   Ni   Conque   Que   Ni   Luego

a. Date prisa, ... nos están esperando.

b. No tienes ganas, ... no vayas.

c. ¿No lo has invitado tú? .... lo recibes tú.

d. Se ve luz, ... están en casa.

e. ¡................. vive .... deja vivir!

2. **Sustituye las locuciones señaladas por otras equivalentes:**

a. **En vista de que** no mejoran sus relaciones, se han divorciado.

a. ....

b. **En caso de que** recibamos otros modelos, le avisaremos.

b. ....

c. Le hemos hecho venir **con objeto de que** conozca la empresa.

c. ....

d. Ya está cerrado, **de manera que** tendréis que volver mañana.

d. ....

e. **Por más que** insista, no lo conseguirá.

e. ....

3. **Di lo que expresan los enlaces del ejercicio anterior:**

a. ....
b. ....
c. ....
d. ....
e. ....

4. **Transforma según el modelo:**

> Ej.: Corre. Se va a ir el tren. ➠ Corre, **que** se va a ir el tren.

a. No insistas. No tiene arreglo.

a. ....

b. ¡Estoy tan cansado! Me voy a la cama.

b. ....

c. Pásame el balón. Voy a intentar encestar.

c. ....

d. Está visto. Ya no vienen.

d. ....

e. No grites. Me duele la cabeza.

e. ....

5. Sustituye ahora el Que de las frases del ejercicio 4 por otra conjunción que exprese lo mismo:

a. ....

b. ....

c. ....

d. ....

e. ....

6. Completa las frases con una conjunción adecuada:

a. .... entra en el ascensor .... sale, está sufriendo.

b. Le han convencido .... vaya.

c. .... encuentre uno, me lo compro.

d. Tengo que hacerlo .... no me guste.

e. .... llegaron se fueron a la cama.

7. Repite lo dicho:

> Ej.: Ponte el abrigo. ➡ ¡Que te lo pongas!

a. Dile lo que pasa.

a. ....

b. Vete ya.

b. ....

c. Hacedle caso.

c. ....

d. Parad de gritar.

d. ....

e. Mira esto.

e. ....

8. Inventa una frase con cada una de las partículas dadas:

a. Por que: ....

b. El porqué: ....

c. Que (relativo): ....

d. Que (comparativo): ....

e. Que (consecutivo): ....

9. **Completa con la interjección adecuada:**

a. ¡...................... !, eso no te lo crees ni tú.

b. ¡...................... , vamos, que llegamos tarde!

c. ¡...................... !, no me esperaba eso de ti.

d. ¡...................... , que me he equivocado de timbre!

e. ¡...................... , dame eso ahora mismo!

10. **Di lo que expresan las interjecciones señaladas en las siguientes frases:**

> a. ¡**Huy**, la señora Pedraza, qué carácter y qué educación! ¡Me ha colgado el teléfono!
>
> b. **Anda**, hazme ese favor.
>
> c. ¡**Ah!** O sea que es eso. Eres tú el que estás celoso.
>
> d. ¡¡¡¡**Aaaayyyy!!!!** ... me pone la mano encima del hombro y aprieta ... Lo, lo, lo siento ... **Aaahhh** ... es que ... mira cómo tengo los hombros.
>
> e. Yo no veo ningún flemón.
> — **Vaya**, pues eres el único habitante de Madrid que no me ha dicho al verme "tienes un flemón".

a. ....

b. ....

c. ....

d. ....

e. ....

34 La oración simple

1. **Da un ejemplo de cada tipo de oración simple:**

a. ....

b. ....

c. ....

d. ....

e. ....

f. ....

2. **Contesta con una afirmación reforzada a las siguientes preguntas:**

a. ¿No te das cuenta?

a. ....

b. ¿Lo sabes?

b. ....

c. ¿Me lo dijiste?

c. ....

d. ¿Has ido a clase?

d. ....

e. ¿Te has enterado ?

e. ....

3. **Contesta negativamente:**

a. ¿Has estado aquí alguna vez?

a. ....

b. ¿Sabes de alguien que tenga fax?

b. ....

c. ¿Habéis hecho muchas traducciones?

c. ....

d. ¿Lo tienes todo preparado?

d. ....

e. ¿Hay algún buzón por aquí cerca?

e. ....

4. **Inventa preguntas que puedan adaptarse a estas respuestas:**

a. Sólo dos, eran muy caros.

a ....

b. Tienes que seguir recto y luego a la derecha.

b. ....

c. Pues porque no me apetece.

c. ....

d. Creo que sobre las tres.

d. ....

e. No sé, nunca la había visto.

e. ....

5. Completa estas oraciones con la palabra exclamativa adecuada:

a. ¡........................ pudiera estar de vacaciones ahora!
b. ¡........................ lo diría!
c. ¡........................ lo siento!
d. ¡........................ estaba de enfadado!
e. ¡........................ bueno eres!

6. Transforma en exclamativas las siguientes oraciones:-

a. Me duele mucho la muela.

a. ....

b. Son demasiado infelices.

b. ....

c. Me ha costado mucho trabajo.

c. ....

d. Llegas muy tarde.

d. ....

e. Era muy aburrido.

e. ....

7. Pon estas prohibiciones en forma afirmativa:

a. No digas nada.

a. ....

b. No invitéis a nadie.

b. ....

c. No vayas nunca a verle.

c. ....

d. No traigáis a mucha gente.

d. ....

e. No le hagas ningún favor.

e. ....

8. **Expresa de otras maneras las órdenes (afirmativas) dadas en el ejercicio anterior:**

a. ....

b. ....

c. ....

d. ....

e. ....

9. **Transforma en deseos las prohibiciones del ejercicio 7:**

> Ej.: No **seas** tan hipócrita. ➡ ¡**Ojalá** no **fueras** tan hipócrita!

a. ....

b. ....

c. ....

d. ....

e. ....

10. **Da órdenes, empleando las distintas fórmulas que conozcas:**

a. Diles a tus vecinos que se callen.

a. ....

b. Diles a los clientes que paguen por adelantado.

b. ....

c. Dile a Ernesto que haga los deberes.

c. ....

d. Dile a Ana que se vista.

d. ....

e. Diles a tus compañeros que te devuelvan los libros.

e. ....

35 La oración compuesta

1. **Anota todas las oraciones yuxtapuestas y coordinadas que haya en el texto:**

> Antonio, en cambio, está eufórico y lleno de vitalidad. Se levanta temprano, se ducha, se lava los dientes, se viste y se va. Se marcha tan deprisa que se deja la cartera, las llaves y la agenda. Pero para eso estoy yo durante horas por la mañana desayunando, leyendo los periódicos y redesayunando, para que él pueda llamar por teléfono y pedirme que "si no me molesta y soy tan amable le acerque a su oficina la cartera, su agenda y las llaves".
> Creo que sale tan escopetado de casa porque le tiene pavor a la melancolía. O me lo tiene a mí. Prefiere no verme ni oírme.

Oraciones yuxtapuestas:

....
....
....

Oraciones coordinadas:

....
....
....

2. **Ahora busca las oraciones subordinadas que haya en el texto y anótalas:**

Oraciones sustantivas:

....
....

Oraciones finales:

....
....

Oraciones consecutivas:

....
....

3. **Pon en forma negativa:**

a. Creo que le tiene pavor a la melancolía.

a. ....

b. Me parece que está eufórico y lleno de vitalidad.

b. ....

c. Me llamará para que le lleve las llaves.

c. ....

d. Me extraña que lo haga.

d. ....

e. Es evidente que lo hará.

e. ....

4. Pon el verbo en indicativo o subjuntivo:

a. Se lo diré cuando (llegar).

a. ....

b. Está claro que Andrés no (hacerme) caso.

b. ....

c. Le he dicho a Ana que no (volver) a hacerlo.

c. ....

d. Diego es muy alto, de ahí que (parecer) mayor de lo que es.

d. ....

e. Fue preciso que él (venir) a ayudarnos.

e. ....

5. Transforma en subordinadas las siguientes oraciones coordinadas:

a. Se acabó el programa y se fueron.

a. ....

b. Estudia y no aprueba.

b. ....

c. Han entrado, pero no los hemos visto.

c. ....

d. No tenemos sitio, no podemos invitarles.

d. ....

e. Descuelgo el teléfono y no os despertáis.

e. ....

6. Transforma según el modelo:

Ej.: Parece que llueve. ➧ Es **como si** lloviera.

a. Parecía que llamaban a la puerta.

a. ....

b. Me dio la impresión de que ya había estado allí.

b. ....

c. Creí que se iba a desmayar.

c. ....

d. Nos pareció que nos habíamos perdido.

d. ....

e. Parecían estar enamorados.

e. ....

7. Corrige los errores que encuentres:

a. Te prohíbo que me hablas en ese tono.

a. ....

b. Es increíble que se porte así.

b. ....

c. No sé si Paco venga o no.

c. ....

d. Me sorprende que están tan amables hoy.

d. ....

e. Creo que el partido empieza a las 6 en punto.

e. ....

8. Subraya la respuesta correcta:

a. El que **lleva / lleve** entradas, que pase por aquí.

b. Quien **quiera / quiere** votar, que prepare el carné.

c. A las que **han / hayan** ganado, les han entregado una medalla.

d. Los que no **tengan / tienen** visado, no han podido ir.

e. El que **sabe / sepa** la respuesta, que levante la mano.

9. Completa las siguientes oraciones con los relativos dados:

Donde	Que	Quien	Lo que	Quienes

a. Hay muchos jóvenes a .... les gusta la música clásica.

b. Me cuesta trabajo creerme .... dice.

c. Ese es el asunto .... me interesa.

d. Esa es la Facultad .... estudié.

e. Ha sido Ramón .... ha llamado.

10. Sustituye las partículas señaladas por otras equivalentes:

a. **Cada vez que** tiene un examen, pasa la noche en blanco.

a. ....

b. **Por mucho que** insistas, no te lo comprará.

b. ....

c. Ves apuntándolos **conforme** vayan llegando.

c. ....

d. Nos trató **como si** nos conociera de toda la vida.

d. ....

e. Supongo que estarás ocupada, **así que** no te entretengo más.

e. ....

Ejercicios comunicativos

1 **U***sos sociales de la lengua*

1 **Escribe la respuesta que darías a las siguientes expresiones:**

a. Le estoy muy agradecido.
b. ¿Le molesta que suba la calefacción?
c. Quiero que conozcas a Rosa.
d. Lo siento, ha sido sin querer.
e. Permítame, por favor...

a. ....
b. ....
c. ....
d. ....
e. ....

2 **Da 5 expresiones sinónimas de:**

¿Cómo va eso?

1. ....
2. ....
3. ....
4. ....
5. ....

3 **¿Verdadero o falso? La expresión *Ya sabe dónde nos tiene*:**

	V	F
a. Suele utilizarse en las presentaciones.		
b. Con ella se ofrece ayuda o alojamiento a alguien.		
c. Significa que se espera a alguien en un sitio determinado.		
d. Se usa en las despedidas.		
e. Es una fórmula de cortesía obligatoria.		

4 **Explica en unas palabras el significado de la expresión *¡Quién fuera tú!*:**

....
....
....
....
....

5 **Y ahora inventa un mini-diálogo con un amigo tuyo en el que puedas emplear la expresión explicada en el ejercicio anterior:**

....
....
....
....
....

6 Clasifica las expresiones de esta conversación en la columna correspondiente:

A.– ¿Oiga? ¿Jefatura? Aquí la comisaría de... [B.– ...]
A.– ¿Qué dice? ¿Que es la peluquería Rulos? ¡Váyase al diablo! [B.– ...]
A.– Bueno, dispense, señor. Me he equivocado. [B.–...] Riing, riing...
A.– ¿Oiga? [B.– ...] ¡No, señora, no es la peluquería Rulos! [B.–...] ¡A paseo, señora!
A.– ¿Qué dice? [B.– ...] ¡No, señora! ¡No, señora!

Presentarse	Pedir disculpas	Despedirse
1.	1.	1. ....
2.	2.	2. ....
3.	3.	3. ....
4.	4.	4. ....
5.	5.	5. ....

7 Enlaza cada expresión con su equivalente:

a. No tenía que haberse molestado.
b. ¡No faltaba más!
c. ¡A pasarlo bien!
d. Me alegro de conocerle
e. Le agradecería mucho que me lo trajera.

1. *¡Que te diviertas!*
2. *Es un placer.*
3. *¿Tendría Vd. inconveniente en traérmelo?*
4. *No sabe cuánto se lo agradezco.*
5. *Me parece muy bien.*

8 Di qué expresiones utilizarías si te encontraras en las siguientes situaciones:

a. Vas por la calle y tropiezas sin querer con alguien:

....

b. Se te ha estropeado el despertador y no tienes teléfono. Tu vecino podría despertarte mañana a las 7. Pídeselo:

....

c. Un compañero tuyo se va a presentar a oposiciones. Como buen amigo, le deseas que le salgan bien:

....

d. Tienes que llamar por teléfono desde una casa extraña. Pide permiso:

....

e. Estás con un profesor y llega un amigo tuyo. Preséntaselo a tu profesor:

....

9 Expresa lo mismo utilizando 5 estructuras diferentes:

> Ej.: *Debo rogarle que* no vuelva a interrumpirme.

a. ....   d. ....
b. ....   e. ....
c. ....

10 ¿En qué situaciones te encuentras si empleas las siguientes expresiones?:

a. ¡Chin, chin!
b. ¿Gustas?
c. Te espero pronto.
d. Felices Pascuas.
e. Vamos tirando.

1. *En Navidad.*
2. *Saludando.*
3. *Brindando.*
4. *Comiendo.*
5. *Despidiéndome.*

VIAJES URBANOS

Todas las claves para pasar un fin de semana en
Ciudad Real

Las lagunas de Ruidera, las Tablas de Daimiel o la histórica villa de Almagro son los tres puntos de referencia de una provincia en el mismo centro de la España profunda. De Ciudad Real capital se sabe poco. Se podría contar que la especulación inmobiliaria de los años sesenta y setenta causó estragos, que el AVE llega puntualmente varias veces al día, y que las nuevas generaciones han elegido, para sobrevivir, la vena artística y cultural.

DORMIR

Santa Cecilia
Tranquilo, funcional y con una ex-
celente relación calidad/precio.
Tinte, 3 – Tel.: (926) 22 85 45.
7.900 pesetas la habitación doble.

Castillos
Muy céntrico y confortable. Admite
perros y tiene 57 habitaciones.
Avenida del Rey Santo, 8.
Tel.: 21 36 40. 8.000 pesetas.

Almanzor
Un dos estrellas con todos los servicios: televisión, antena parabólica,
baño completo. También admite perros y facilita el acceso de minusvá-
lidos.
Bernardo Balbuena s/n.
Tel.: 21 43 03. 8.000 pesetas.

COMER

Acuario
Rompe con la cocina típica y tópica
y se aventura por diferentes derro-
teros culinarios: pastel de verduras,
torta de salmón, entrecot al roque-
fort, chuletitas al perfume de eneldo.
Plaza Mayor, 11 – Tel.: 21 62 44.
De 3.000 a 4.000 pesetas.
Cierra jueves todo el día.

La Tasca
Cositas manchegas —pisto, migas
de pastor, gachas, tiznao, duelos y
quebrantos, flores con miel— y
otras recetas menos cervantinas.
Plaza de San Francisco, 6.
Tel.: 21 02 26.
De 3.000 a 4.000 pesetas.
No cierra ningún día.

Restaurante Real
Buena representación de la gastronomía popular. Todos los días hay
un guiso de la casa distinto para
elegir: bacalao manchego, caldereta
de cordero.
Tinte, 3.
3.500 pesetas. No cierra ningún día.

San Huberto
Un austero asador para probar cor-
dero o cochinillo asado y recetas
de caza.
Pasaje del General Rey, 10
Tel.: 25 22 54. 2.500 a 3.000 pesetas.
Cierra domingos noche y lunes.

TAPAS

Los Faroles
Cerveza de barril y más de 20
clases de bocadillos.
Plaza del Pilar s/n.

Casa Braulio
La hora del aperitivo es su mejor
momento.
Plaza Mayor, 4.

El Ventero
Pegadito al anterior. Tapeo sin des-
canso.
Plaza Mayor, 8.

Mesón del Jamón
Un bar sin sorpresas: el nombre ha-
bla por sí mismo.
Los Hidalgos, 4.

La Maestranza
Toros, flamenco y jamón.
Ramírez de Arellano, 6.

CAFÉS

Café Exposición Guridi
Fotografías nostálgicas y ambiente
de enamorados.
Cardenal Monescillo/Libertad.

Café de París
Un local con el encanto y los deci-
belios justos para charlar sin alzar
la voz.
Palma, 3.

Metro
Un oasis de tranquilidad en la zona
con más chiringuitos de Ciudad Real.
Avenida del Torreón, 3.

VISITAR

**Catedral de Santa María del Pra-
do,** de estilo gótico decadente;
Iglesia de San Pedro (siglos XIV y
XV), y la **Iglesia de Santiago,** la
más antigua de la ciudad (siglo XIII);
parque Gasset.
Almagro. Declarado conjunto histó-
rico-artístico, hay que empezar por el
Corral de Comedias de la Plaza Mayor (siglo XVI) y terminar por cualquiera de sus hermosos rincones.
A 22 kilómetros de Ciudad Real.

COMPRAS

El Palacio del Vino
Las bebidas más insólitas del mundo.
Mata, 39.

La Deliciosa
Aquí, caer en la tentación no es
pecado. Yemas, tocinillos de cielo,
merengues.
María Cristina, junto a la plaza Mayor.

Juan Cruz
Dulces y conservas; desde chocola-
te con churros a pollos asados para
llevar a casa.
De la Lanza, 7.

COPAS

El Dorado. Música de rock.
Los Hidalgos, 2.

El Piropo. Su emblema es un corazón y una rosa atravesados por un
puñal. Buen ambiente.
Los Hidalgos, 9.

Valentina. El famoso personaje de
cómic decora este *pub.*
Los Hidalgos, 9.

Reves. Puro diseño.
Los Hidalgos, 6.

Abacanto.
Un bar sorprendente y original.
Juan Caba, 4.

Botánico. Mastodóntico, luces de
neón y aforo siempre completo.

Kuy. El final de la escapada nocturna.
Playa Park (Parque Acuático).

Texto de **Isabel Gallo**

1 Tienes que elegir un hotel para tu estancia en Ciudad Real. Formula cinco frases en las que definas el tipo de hotel en que te gustaría alojarte:

> Ej.: *Me gustaría alojarme en un hotel que fuera tranquilo.*

a. .... d. ....

b. .... e. ....

c. ....

2 En una agencia de viajes, te aconsejan el hotel *Almanzor*. Pregunta si reúne las características que has descrito en el ejercicio 1:

> Ej.: ¿Es un hotel tranquilo?

a. .... d. ....

b. .... e. ....

c. ....

3 Contesta a las preguntas del ejercicio anterior:

> Ej.: No sé si es muy tranquilo.

a. .... d. ....

b. .... e. ....

c. ....

4 Formula las preguntas adecuadas a las siguientes respuestas:

a. ....
Las lagunas de Ruidera, las Tablas de Daimiel o la histórica villa de Almagro son los tres puntos de referencia de Ciudad Real.

b. ....
... en el mismo centro de la España profunda.

c. ....
De Ciudad Real capital se sabe poco.

d. ....
El AVE llega varias veces al día.

e. ....
Valentina... El famoso personaje de cómic decora este *pub*.

5 Transforma estas preguntas indirectas en preguntas directas:

a. No sé si Almagro está muy lejos de Ciudad Real.
....

b. Me gustaría saber la época del Corral de Comedias de Almagro.
....

c. Ignoro el nombre de la catedral de Ciudad Real.
....

d. Desearía saber si el parque Gasset está cerca de la estación de RENFE.
....

e. Quisiera conocer la dirección exacta del bar *Abacanto.*
....

6 **Busca en el texto las respuestas a las preguntas del ejercicio 5:**

a. .... d. ....
b. .... e. ....
c. ....

7 **Busca una pregunta para cada una de las siguientes respuestas:**

a. ....
Pisto, migas de pastor, gachas, tiznao, duelos y quebrantos, flores con miel, bacalao manchego, caldereta de cordero, ...

b. ....
En *La Tasca*, en el *Restaurante Real*, ...

c. ....
En la Plaza de San Francisco.

d. ....
Si vienes en tren, al salir de la estación verás indicado Plaza de la Provincia. Una vez allí, sigues recto y después coges la tercera bocacalle a la derecha hasta llegar a la Plaza de San Francisco.

e. ....
Sí, estará abierta, porque no cierra ningún día.

8 **Llama por teléfono al Restaurante Real y pregunta:**

a. Por el plato del día.   a. ....
b. El precio.   b. ....
c. Si el precio incluye la bebida y el postre.   c. ....
d. Si abren esta noche.   d. ....
e. Si pueden reservarte una mesa para dos.   e. ....

9 **Haz una pregunta (cuya respuesta figure en el texto) relativa a cada uno de los siguientes sitios de Ciudad Real que se deben visitar:**

a. Catedral de Santa María del Prado.   a. ....
b. Iglesia de San Pedro.   b. ....
c. Iglesia de Santiago.   c. ....
d. Parque Gasset.   d. ....
e. Almagro.   e. ....

10 **¿Quieres saber algo más sobre Ciudad Real que no figure en el texto (ej.: región, número de habitantes, extensión, clima, gastronomía,...)? Pregúntalo:**

a. .... d. ....
b. .... e. ....
c. ....

3 Expresar gustos y opiniones

Viajar solo

Hay personas que realmente necesitan desvincularse de su medio familiar para desconectar del todo. Son individualistas y muy independientes, tanto que para ellos es imprescindible sentir de cuando en cuando la sensación de desarraigo. Poseen un carácter innovador y tienen una mentalidad muy abierta a nuevas experiencias. Seguros de sí mismos, pueden ser extravertidos o introvertidos: sienten la soledad como algo vital.

Las vacaciones del «clan»

Hermanos, abuelos, tíos, nietos..., todos juntos a todas partes. La más mínima oportunidad es una ocasión perfecta para alquilar un autocar para toda la familia. Este tipo de personalidades exteriorizan sus tendencias sin sonrojos. Pueden ser sujetos faltos de afecto en otros ámbitos, como el laboral o el amistoso, o que dan mucha importancia a la red familiar y sólo en ella se sienten auténticamente seguros. Implica un carácter con ciertas dosis de conformismo y muy sociable, ya que la decisión de cómo ir y adónde la toman por consenso. Tendencia a la comodidad y a la rutina.

Viajes organizados

«Si hoy es jueves, esto es Bélgica», dice el chiste. El objetivo es ver el máximo en el mínimo tiempo. Son las personas *enciclopedia*, que quieren saber o saben un poco de todo sin profundizar. Caracteres con ciertas dosis de frivolidad, extremadamente sociales y con algo de inseguridad a la hora de tomar determinaciones. Cómodas y despreocupadas, prefieren que se les dé todo hecho. En estos viajes también funciona a veces un cierto afán de aparentar. Tienen una gran generosidad de carácter, y no les importa someterse a un programa prefijado.

Van por libre

Hedonistas, imprevisibles y de ideas muy claras. El recorrido y las paradas en determinados puntos sólo los marcan sus propias apetencias. Personas muy abiertas, con dificultades para someterse a un grupo, lo que no quiere decir que viajen solas; simplemente buscan a alguien como ellas. Siempre viven el momento.

Grandes aventuras

Treeking, viajes en globo, senderismo. En este caso la edad es determinante, pero para hacer este tipo de viajes se necesita un gran sentido del compañerismo. Personalidades a veces insatisfechas con su vida habitual y muy activas. Conceden mucha importancia al núcleo de amistades. Las experiencias nuevas o distintas no les asustan y suelen ser impulsivos en todos sus actos.

Lo que han vivido otros

Los otros pueden ser unos amigos, los protagonistas de una película o el personaje de un libro. Personas cautelosas, poco abiertas a nuevas experiencias; un patrón de conducta anterior les da la seguridad que les falta. De carácter romántico y apasionado, este tipo de viajes puede conducir a la frustración, ya que la realidad nunca se corresponde con la imagen prefijada por referencias. Sumamente idealistas.

El sitio «de toda la vida»

Año tras año repiten. Psicológicamente conservadores y poco adaptativos, los cambios les asustan. Tendencias acomodaticias y poco imaginativos. Unos buenos recuerdos de la infancia pueden influir decisivamente.

Lugares aislados

Balnearios, refugios en el campo... acuden a ellos generalmente las personas que por su trabajo viajan mucho. Implica una necesidad profunda de romper con el ritmo habitual y es ideal para los que padecen estrés. La elección de este tipo de lugares viene habitualmente marcada por circunstancias personales, pero también lo eligen sujetos muy reflexivos.

Sitios populosos

Desde Nueva York hasta Torremolinos. Muy abiertos y directos. Algo de sentido de grupo y, si viven en una ciudad, muy adaptados a su medio habitual. Personas abiertas y con buenas dotes para la convivencia. Detrás de esta elección puede existir una carencia de tipo afectivo. *Necesitan* siempre mucho bullicio y movimiento.

Texto de
Ana Marcos

---

1 Lee el texto y explica las razones por las que algunas personas eligen viajar solas, utilizando las distintas formas de expresar gustos que conozcas:

> Ej.: Porque *les gusta* mucho la soledad.

a. Porque ....

b. Porque ....

c. Porque ....

d. Porque ....

e. Porque ....

2 Hablemos ahora de los que optan por viajar en familia. Completa las frases con distintas fórmulas que indiquen sus preferencias:

> Ej.: .... la comodidad. ⟹ *Prefieren* la comodidad.

a. .... estar en sociedad.
b. .... la familia.
c. .... es la seguridad que da el viajar juntos.
d. .... por la rutina.

3 Mismo ejercicio que el anterior. Pero ahora vamos con los que eligen siempre el mismo sitio para veranear. ¿Por qué lo hacen? ¿Qué es lo que les disgusta?:

> Ej.: *No les gusta nada* la aventura.

a. .... los cambios, las nuevas experiencias.
b. .... las innovaciones.
c. .... tener que hacer el mínimo esfuerzo de adaptación.
d. La imaginación no es ....
e. .... descubrir sitios nuevos.

4 Lee este diálogo entre:

1. Miguel, amante de los lugares aislados.
2. Ricardo, que sólo busca sitios concurridos.

Fíjate en cómo expresan sus opiniones y manifiestan desacuerdo:

M. *Mi opinión es que* la única forma de descansar es yéndose a lugares solitarios y tranquilos. Eso es *lo que más me gusta,* porque *no aguanto* el bullicio ni todo lo que éste supone. *No tiene sentido* el estar todo el año corriendo en una ciudad y meterse en otra para intentar "descansar". Así que, tu forma de veranear *no me parece* nada *bien.*

R. *No llevas razón. Me parece que* las vacaciones hay que aprovecharlas para hacer cosas interesantes, relacionarse con los demás, conocer a gente, divertirse... Y para ello *no hay nada como* la ciudad. *Nunca podría soportar* la monotonía del campo.

Ahora invéntate tú un diálogo entre: (a) un amante de los viajes organizados y (b) otro que va por libre. Utilizando expresiones distintas a las del diálogo-ejemplo, pero que reflejen la misma idea:

a. ....
....
b. ....
....

5 Haz frases en las que pongas de manifiesto el acuerdo o el desacuerdo de los distintos tipos de veraneantes, correspondientes a los del texto, que intervengan:

> Ej.: Si el 1 dice "Hay que cambiar".
> El 4 dirá: *"Pienso como tú".* (Manifestará acuerdo.)
> El 7 dirá: *"¡De eso nada!".* (Manifestará desacuerdo.)

a. Si el 1 dice: "Estar solo de vez en cuando le sienta bien a todo el mundo".
El 2 dirá: .... El 4 dirá: ....
b. Si el 3 dice: "Ante todo, la seguridad".
El 6 dirá: .... El 5 dirá: ....

c. Si el 2 dice: "Con nadie mejor que con la familia".

El 1 dirá: .... El 7 dirá: ....

d. Si el 5 dice: "No hay nada como la aventura".

El 6 dirá: .... El 3 dirá: ....

e. Si el 4 dice: "Lo mejor es hacer lo que a uno le apetezca y cuando le apetezca".

El 3 dirá: .... El 1 dirá: ....

6 **Da tu opinión personal. Expresa tus preferencias, aversiones,... sobre las distintas formas de viajar que presenta el artículo:**

....

....

....

....

7 **Manifiesta desacuerdo frente a estas propuestas:**

> Ej.: ¿Por qué no pedimos un préstamo para el viaje? ➡ *¡Ni pensarlo!*

a. Aunque tengamos un mes de vacaciones, deberíamos ir sólo a un sitio.

....

b. ¿Por qué no nos vamos en plan aventurero, sin reservar nada?

....

c. No me apetece nada viajar este año, ¿por qué no nos quedamos?

....

d. ¿Y si dejáramos a los niños con tus padres?

....

e. Este verano podríamos cambiar, ir a la montaña en lugar de a la playa.

....

8 **Imagina que estás haciendo una encuesta sobre las distintas formas de viajar de los habitantes de un país. Pide opinión sobre:**

a. Los viajes organizados: ....

b. Los viajes en familia: ....

c. Los viajes por libre: ....

d. Las preferencias, ¿lugares aislados o sitios populosos?: ....

9 **Infórmanos ahora de lo que opinan las personas encuestadas (debe haber personas a favor, en contra e indiferentes):**

a. Los viajes organizados: ....

b. Los viajes en familia: ....

c. Los viajes por libre: ....

d. Las preferencias, ¿lugares aislados o sitios populosos?: ....

10 **Enlaza las expresiones equivalentes:**

a. Lo suyo es   1. *Si quieres que te diga la verdad, yo no iría nunca de veraneo.*

b. No le interesa   2. *Odia ese tipo de viajes.*

c. Llevas razón   3. *Le encanta el senderismo.*

d. Por mi gusto   4. *Le trae sin cuidado conocer a gente.*

e. No le gusta nada   5. *Soy de tu misma opinión, ¿es que a la fuerza hay que viajar en verano?*

LOS DIEZ MANDAMIENTOS
VERDES

1. AHORRA ENERGÍA EN TU PROPIA CASA

Su derroche no aumenta tu calidad de vida. Apaga las luces que no necesites; optimiza el uso de electrodomésticos, especialmente los tres grandes: frigorífico, lavadora y lavaplatos; modera el nivel de la calefacción. Será bueno para el planeta y, de paso, para tu bolsillo.

2. CIERRA EL AGUA; ES UN BIEN CADA VEZ MÁS ESCASO

Su conservación ha llegado a ser vital. La ducha, mejor que el baño: puedes ahorrar hasta 230 litros cada vez. No tires innecesariamente de la cadena y reduce el volumen de la cisterna introduciendo una botella llena de arena. No pongas en marcha el lavavajillas o la lavadora hasta que su capacidad esté al completo. Y al limpiarte los dientes no dejes correr el agua del grifo. Evita pérdidas y goteos.

3. NO PRODUZCAS BASURA

Cada familia española genera como media anual el volumen de desperdicios equivalente a la vivienda en que habita. Disminuye tu producción de desechos. Compra productos mínimamente envueltos. No utilices artículos de usar y tirar. Rehúsa folletos gratuitos. Recuerda la ley de las *tres erres:* reducir, reutilizar y reciclar.

4. UTILIZA ENVASES BUENOS PARA EL MEDIO AMBIENTE

Opta por los productos que vengan envasados en recipientes ecológicos, como los cartones tipo *tetrabrick* o las botellas de vidrio retornables. Rechaza los *antiecológicos:* las latas de bebidas o las botellas de PVC. Evita los aerosoles, especialmente cuando cargan propulsores fluorocarbonados (CFC).

5. NO ALMACENES UN ARSENAL QUÍMICO

Abrillantadores, ambientadores, el anticongelante del coche, desatascadores, detergentes, aerosoles, pilas, pinturas, termómetros... Las potenciales consecuencias sobre el medio ambiente de todos los pequeños productos químicos que se utilizan habitualmente en nuestras viviendas son enormes. Usa la lejía con moderación. Las pilas eléctricas gastadas, devuélvelas donde adquieras las nuevas. Nunca tires productos químicos por el inodoro.

6. LIMITA EL USO DE LOS PLÁSTICOS

Los plásticos son costosos de producir, no se degradan en la naturaleza y resultan muy difícilmente reciclables. Lleva tus propias bolsas a la compra. Reutiliza las bolsas de plástico que te den en el supermercado para guardar la basura. No compres productos con excesos de envoltorios.

7. AHORRA PAPEL

Para hacer una tonelada de papel es necesario talar 5,3 hectáreas de bosque. El consumo anual de España obliga a cortar unos 20 millones de grandes árboles. Tres medidas individuales urgentes: consumir menos papel, adquirir papel reciclado y enviar a reciclar todo el papel que sea posible.

8. USA EL COCHE RACIONALMENTE

Procura utilizarlo sólo cuando realmente sea necesario. No recurras a él en trayectos cortos, especialmente en el corazón de las ciudades. Mejor andar, ir en bicicleta o utilizar los transportes públicos. Cuando adquieras un coche nuevo, prefiere uno que consuma poco carburante, utilice gasolina sin plomo y venga equipado con catalizador.

9. CUIDA EL CAMPO

Cuando vayas al campo, deja la naturaleza tal como la has encontrado. Lleva contigo las basuras. No hagas fuego. No laves tu automóvil en el primer río que encuentres. No *invadas* la naturaleza con el coche. La práctica del todoterreno y del motocross salvaje está destruyendo muchas zonas rurales.

10. PIENSA GLOBALMENTE Y ACTÚA LOCALMENTE

Es importante estar al tanto de los grandes problemas del medio ambiente del planeta, pero no por ello debes bajar la guardia al defender el entorno próximo. Practica activamente la búsqueda de soluciones a problemas ecológicos inmediatos desde tu propia casa.
Presiona a tu ayuntamiento para que tome medidas. Evita, a la hora de hacer la compra, los productos nocivos para el medio ambiente.

1 ¿Qué se nos aconseja en este texto?:

> Ej.: *1. Se nos aconseja que ahorremos energía en nuestra propia casa.*

1. ....
2. ....
3. ....
4. ....
5. ....

6. ....
7. ....
8. ....
9. ....
10. ....

2 Pon los siguientes consejos en imperativo:

> Ej.: La ducha, mejor que el baño. ➠ *Dúchate.*

a. Consumir menos papel.
b. Adquirir papel reciclado.
c. Enviar el papel a reciclar.
d. Mejor andar.
e. Ir en bicicleta.
f. Utilizar los transportes públicos.

a. ....
b. ....
c. ....
d. ....
e. ....
f. ....

3 Utiliza las frases del ejercicio anterior para aconsejar de manera general:

> Ej.: *Más vale que* nos duchemos.

a. Lo mejor sería que ....
b. Más vale que ....
c. Lo mejor sería que ....

d. Más vale que ....
e. Lo mejor sería que ....
f. Más vale que ....

4 Pon las siguientes frases en imperativo negativo, eligiendo el verbo contrario al dado entre los siguientes:

> Olvidar   Encender   Aumentar   Tirar   Aceptar   Utilizar

> Ej.: *Apaga* las luces que no necesites. ➠ *No enciendas* las luces que no necesites.

a. Disminuye tu producción de desechos.
b. Rehúsa folletos gratuitos.
c. Recuerda la ley de las tres erres.
d. Evita los aerosoles.
e. Reutiliza las bolsas de plástico.

a. ....
b. ....
c. ....
d. ....
e. ....

5 Utilizando las diferentes fórmulas que conozcas para expresar la obligación, haz una frase sobre cada uno de estos temas:

> Ej.: Energía. ➠ No *hay que* derrocharla.

a. Desechos.
b. Recipientes ecológicos.
c. Aerosoles.
d. Productos químicos.
e. Pilas eléctricas.

a. ....
b. ....
c. ....
d. ....
e. ....

6 Busca en el texto los imperativos contrarios a los dados y escribe la frase en que aparecen:

> Ej.: Tira. ➡ *No tires* innecesariamente de la cadena.

a. Pon: ....
b. Produce: ....
c. Utiliza: ....

d. Haz: ....
e. Invade: ....

7 Mismo ejercicio que el anterior:

> Ej.: No rechaces. ➡ *Rechaza los antiecológicos.*

a. No disminuyas: ....
b. No las devuelvas: ....
c. No rechaces: ....

d. No uses: ....
e. No practiques: ....

8 Redacta los mandamientos 2, 3, 5 y 8 en segunda persona del plural:

2: ....
....

3: ....
....

5: ....
....

8: ....
....

9 Transforma los siguientes consejos en obligaciones, empleando diferentes fórmulas de obligación personal:

> Ej.: *No compres* productos con exceso de envoltorios. ➡ *No tienes que comprar* productos con exceso de envoltorios.

a. No hagas fuego.
....

b. Cuida el campo.
....

c. No invadas la naturaleza con el coche.
....

d. Piensa globalmente.
....

e. Actúa localmente.
....

10 ¿Qué otro "Mandamiento Verde" propones tú?

Propongo (que): ....
....
....
....

5 Expresión del futuro

1 Completa las frases con un futuro:

a. No llama, ¿por qué no ....?   d. No lo traen, ¿por qué no lo ....?

b. No viene, ¿por qué no ....?   e. No puede, ¿por qué no ....?

c. No duermen, ¿por qué no .... ?

2 Utiliza las distintas formas que conozcas de expresar el futuro con un presente para ratificar las frases:

> Ej.: Dejará ese trabajo. ➡ *Tiene el propósito* de dejarlo.

a. Se lo diré. ....

b. Trabajaré más. ....

c. Se quedarán toda la semana. ....

d. Le pediré una explicación. ....

e. Nos cambiaremos de casa. ....

3 Transforma según el modelo:

> Ej.: Voy a llamar por teléfono y me entero.
> ➡ Cuando llame por teléfono, me enteraré.
> ➡ Mientras no llame por teléfono, no me enteraré.

a. Se lo van a explicar y lo entienden. ....
....

b. Me lo va a prestar y lo pruebo. ....
....

c. Van a pasar y los vemos. ....
....

d. Vamos a salir y lo compramos. ....
....

e. Voy a ponerlo y lo oímos. ....
....

4 Enlaza cada tiempo con el valor que tenga en la frase:

a. Cuanto más lo **intentes**, mejor.   1. *Seguridad.*

b. Se **respetarán** todas las normas.   2. *Suposición.*

c. **Estarán** de vacaciones.   3. *Condición.*

d. Se lo **notificaré** por escrito.   4. *Condición.*

e. Cuando **vengan** lo sabremos.   5. *Obligación.*

● ● ●

5 Pon los verbos de esta oferta de empleo en el tiempo adecuado:

Director Financiero

FUNCIONES:

– En dependencia del Director General del Grupo, (responsabilizarse) .... de las Áreas de Control de Gestión, Presupuestos, Finanzas, Administración y Contabilidad.

– *(Elaborar)* .... y *(controlar)* .... el presupuesto, así como los estados financieros. *(Implantar)* .... una política adecuada de tesorería y *(ser)* .... responsable de la relación con las entidades financieras.

– *(Contribuir)* .... en el diseño, dirección e implantación de procedimientos de organización y sistemas.

6 Ahora inventa tú una oferta de empleo en la que una empresa busque vendedores. ¿Cuáles serán sus funciones y requisitos?:

....

....

....

....

....

....

....

7 Transforma en suposiciones las siguientes afirmaciones:

a. Está ocupado. ....

b. Él tiene la culpa. ....

c. Se ha quedado sin gasolina. ....

d. Nos han estafado. ....

e. No lo sabe. ....

8 Contesta a las preguntas expresando probabilidad:

a. ¿Habrán estado esperándonos? ....

b. ¿Sería capaz de hacerlo él? ....

c. ¿Hubieran admitido eso? ....

d. ¿Llegarán a tiempo? ....

e. ¿Estaba preocupado? ....

9 Expresa las siguientes obligaciones impersonales con un futuro:

a. Hay que presentar el expediente completo. ....

b. Hay que adjuntar dos fotos recientes. ....

c. Es necesario rellenar los impresos adjuntos. ....

d. Es preciso ingresar el importe en el banco. ....

e. Es menester entregarlo todo antes del 1 de octubre. ....

10 Da un ejemplo de:

a. Subjuntivo con valor de futuro. ....

b. Presente con valor de futuro. ....

c. Futuro con valor de imperativo. ....

d. Condicional con valor de futuro. ....

e. Futuro próximo. ....

6 El estilo indirecto

1 Une las dos oraciones llevando a cabo las modificaciones que sean necesarias:

> Ej.: Mi padre me decía *"Tienes* que ser obediente".
> ➡ Mi padre me decía que tenía que ser obediente.

a. Nos prometieron: "Iremos a la feria si os portáis bien".
   ....

b. Afirmó: "No lo consentiré de ningún modo".
   ....

c. Decía: "Se han ido porque no están a gusto aquí".
   ....

d. Preguntaron: "¿Podemos pagar con tarjeta?"
   ....

e. Ponía: "Faltan 4 días para que finalice el plazo de matrícula".
   ....

2 Te encuentras por la calle con Aurora, una vieja amiga de tu madre, que te pregunta por ella y te dice:

"Dile a tu madre que me acuerdo mucho de ella y que, como voy a estar unos días por aquí, la llamaré en cuanto pueda para que tomemos algo juntas y recordemos viejos tiempos."

¿Qué te dice Aurora?

Me dice que ....
....
....

3 Al día siguiente, ves a tu madre y le cuentas lo que te dijo Aurora:

Me dijo que...
....
....

4 ¿Qué dice el periódico de hoy lunes?:

a. "Nueva huelga de recogida de basuras en Madrid."
   ....

b. "Nuevo servicio del AVE los domingos."
   ....

c. "Detenido con 1.771 cheques robados."
   ....

d. "Invertidos 700 millones en el casco histórico de Santiago."
   ....

e. "El presupuesto de Sanidad para el próximo año contemplará un gasto inferior al del año en curso."
   ....

5 Ya han pasado 5 días desde que leíste el periódico. Hoy es domingo. ¿Qué decía el periódico del lunes?:

a. ....

b. ....

c. ....

d. ....

e. ....

6 Contesta a las preguntas:

a. "Es probable que no lo sepa."
   ¿Qué dijo? ....

b. "Tal vez se hayan ido ya."
   ¿Qué dijo? ....

c. "¡Ojalá no me moleste nadie!"
   ¿Qué dijo? ....

d. "Prepárate para que nos vayamos."
   ¿Qué te dijo? ....

e. "No le habrá gustado que le gastemos esa broma."
   ¿Qué dijo? ....

7 No estás de acuerdo con el cargo que te han atribuido en la empresa que te acaba de contratar, pues no corresponde exactamente al que solicitaste. Para cerciorarte, vuelves a leer la oferta de empleo que publicaron:

Jefe Nacional de Promotores

Dependiendo del Jefe Nacional de Ventas y con sede en Madrid, se responsabilizará de la elaboración, implantación y seguimiento del plan de promoción dirigido al canal de Hostelería. Defenderá los medios y estructura necesarios para alcanzar los objetivos del negocio y coordinará y supervisará el equipo de promotores a su cargo. Asimismo, desarrollará un programa continuo de análisis del mercado y de la competencia.

Recuérdales que tu cometido debería ser otro, puesto que el anuncio ponía que el Jefe Nacional de Promotores ....
....
....
....
....
....
....

8 Completa con el tiempo adecuado:

a. ¿Por qué has hecho eso?
   ¿No me recomendaste que lo ....?

b. ¡Salte ya del agua!
   ¡No me digas que me .... tan pronto!

c. ¡Suéltame!
   ¿Por qué dijiste que te ....?

d. ¡No te preocupes!
   ¿Por qué me has dicho que no me ....?

e. ¡Ayúdennos!
   ¿Por qué pedirán que les ....?

● ● ●

9 **Transforma las frases poniendo los verbos señalados en pasado (pretérito indefinido):**

a. Me pregunta que cómo lo he pasado.

....

b. Me dice que me ha llamado varias veces.

....

c. Me contesta que la culpa la tiene él.

....

d. Afirma que nos invitará a comer si no sale muy tarde del trabajo.

....

e. Dice que vayas, que te tiene que decir una cosa.

....

10 **Cuéntanos lo que te dicen todas estas personas:**

a. *Tus amigos:* Vigílale. Está loco.
Antes te decían que .... porque ....
Ahora te dicen que .... porque ....

b. *Tu madre:* Quítate los zapatos. Los llevas llenos de barro.
La última vez te dijo que .... porque ....
Hoy te ha dicho que .... porque ....

c. *Tu profesor:* Le ruego que distribuya estas fotocopias.
La semana pasada te dijo que ....
Esta mañana te dice que ....

d. *Tu ex-amigo:* ¡Vete! ¡No quiero verte!
Antes te decía que .... porque ....
Ahora te dice que .... porque ....

e. *Tu padre:* ¡Ten cuidado! Puedes hacerte daño.
El otro día te dijo que .... porque ....
Siempre te dice que .... porque ....

7 Expresar causa, consecuencia e hipótesis

1 Inventa 3 preguntas que te haría tu mujer sobre la causa, y di lo que responderías (poniendo excusas para que no se entere de la verdad, porque es una sorpresa) en la siguiente situación:

Estás en el trabajo y de repente te acuerdas de que mañana es el cumpleaños de tu mujer. Al salir, te pones como loco a buscarle un regalo. Al llegar a casa, tu mujer está algo enfadada porque no la has acompañado a la reunión del colegio de los niños, como habíais previsto, y te pide explicaciones:

Tu mujer: ....

Tú: ....

Tu mujer: ....

Tú: ....

Tu mujer: ....

Tú: ....

2 Lee este texto y señala las fórmulas que expresen causa, consecuencia e hipótesis:

En estos tres meses que le quedan al curso, no pienso volver a salir. No es que no me guste salir y divertirme (¡al contrario...!), es que tengo que pasarme los días estudiando; ¿que por qué? Pues porque, si no estudio, no lo aprobaré todo en junio, lo que sería una lástima teniendo un puesto de trabajo garantizado a partir de septiembre (siempre que haya terminado la carrera, claro), conque... ¡a estudiar!

Causa: ....

Consecuencia: ....

Hipótesis: ....

3 Explica la causa constatando las siguientes situaciones:

Ej.: *Tú:* ¿Te apetece ir a dar una vuelta? ➡ *Tu mujer:* No, no me encuentro bien.
➡ A mi mujer, *como* no se encuentra bien, no le apetece ir a dar una vuelta.

a. *Tú:* ¿Quieres un café?
Pedro: No, gracias, no me gusta.
....

b. *Tú:* ¿Viste anoche el programa sobre la juventud anglosajona?
Felipe: No, nunca veo la tele.
....

c. *Tú:* ¿Puedes cenar conmigo el sábado?
Mercedes: Gracias, pero el sábado no puedo, ya estoy invitada.
....

d. *Tú:* ¿No puede contratar a otra secretaria? Haría falta.
Tu jefe: Ya lo sé, pero la situación actual no lo permite.
....

e. ¿Por qué no me avisaste? Me hubiera gustado ir contigo.
Antonio: No sabía que te gustaba el teatro.
....

4 Transforma las siguientes causas en consecuencias:

> Ej.: *Como* ha leído tanto, le duele la cabeza. ➡ Ha leído mucho, *por eso* le duele la cabeza.

a. Le han echado del trabajo *porque* es un vago. ....

b. Entra ya, *que* empieza la clase. ....

c. *Puesto que* en coche se marea, iremos en tren. ....

d. *Ya que* dispongo de tan poco tiempo, seré breve. ....

e. *Como* mañana no trabajo, puedo trasnochar más. ....

5 ¿Qué harías si...?:

a. Perdieras la tarjeta de crédito.

....

b. Te quedaras durmiendo y no fueras al trabajo.

....

c. Se te perdieran las llaves del coche.

....

d. Se te estropeara el teléfono.

....

e. Se te hubiera olvidado el dinero y no pudieras pagar la entrada del cine.

....

6 Expresa de otra forma el mismo tipo de condición:

a. Si se lo dices, se enfadará.

....

b. Como no sea que surja algún imprevisto, iremos.

....

c. Propónselo por si acaso le interesa.

....

d. De no poder ir, te avisaríamos.

....

e. Podemos empezar, si están todos.

....

7 Tú no harías lo que piensan hacer estos amigos tuyos. Aconséjales pues, de distintas formas, que no lo hagan:

> Ej.: *Lola:* Este fin de semana voy a ir a esquiar.
> (*Tú:* Pero si casi no habrá nieve, ¿por qué no esperas a que haya más?)
> *Tú:* ➡ *Si estuviera en tu lugar,* esperaría a que hubiera más nieve.

a. *Andrés:* Tengo que pedir ese préstamo del que te hablé.
   (*Tú:* No lo pidas, no es interesante).
   Tú: ....

b. *Antonio:* Por fin voy a poder comprarme el piso.
   (*Tú:* No lo compres ahora, no es buen momento).
   Tú: ....

c. *Rafael:* Me voy a asociar con ellos.
   (*Tú:* No lo hagas, no son de fiar).
   Tú: ....

d. *Isabel:* Me gustaría apuntarme a ese viaje.
   (*Tú:* No te apuntes, no merece la pena).
   Tú: ....

e. *Fernando:* Voy a ir a trabajar.
   (*Tú:* ¿Con la fiebre que tienes? ¡Métete más bien en la cama!)
   Tú: ....

8 **Completa las frases con la expresión adecuada:**

Conque	Aun cuando	En vista de que	Con que	Por lo visto

a. .... tuviera dinero, no me lo compraría.

b. .... han suspendido la función.

c. .... no lo quieres, me lo comeré yo.

d. Basta .... contestes a unas pocas preguntas.

e. No van a tardar en llegar, ... vamos a ir preparándolo todo.

9 **Enlaza cada frase con lo que exprese:**

a. Dicho así, suena bien.   1. *Impresión.*

b. De encontrar trabajo, no seguirá estudiando.   2. *Condición.*

c. Yo diría que no le ha gustado mucho.   3. *Consecuencia.*

d. No ha venido la niñera, o sea que no podemos salir. 4. *Causa.*

e. Nos vamos ya, que se nos va a hacer tarde.   5. *Condición.*

10 **Sustituye las expresiones señaladas por otras equivalentes:**

a. **Vamos a suponer que** venga. ....

b. **Escribiendo** así, nunca te entenderá. ....

c. **Tendrá** problemas con los vecinos. ....

d. Lo ha conseguido **con** paciencia. ....

e. No viene, **así que** me voy. ....

7 EXPRESAR CAUSA, CONSECUENCIA E HIPÓTESIS

● ● ●

8 Situar en el tiempo

1 Redacta de otro modo esta misma frase sin alterar su significado:

– A los 60 años, cumplidos el 1 de diciembre de 1993, y desde los 20, Curro Romero todavía torea.

a. ....

b. ....

c. ....

d. ....

e. ....

2 Completa con la expresión temporal adecuada:

a. Ya no es futbolista, lo fue .... se rompió la pierna.

b. Espera un poco, Carlos está .... llegar.

c. Rafael .... las horas escuchando ese disco.

d. Arréglalo .... lo vean tus padres.

e. .... la cena, se fueron a la discoteca.

3 Expresa la simultaneidad de otras formas:

a. Cuando acabó la carrera, ya tenía trabajo.

....

b. Mientras visitaba El Prado, se encontró con su profesora de historia.

....

c. Cuando vayas a acostarte, apaga todas las luces.

....

d. Ceno y veo la tele.

....

e. Conocí a Fernando al mismo tiempo que al director.

....

4 Trata de encontrar la expresión que mejor convenga para rellenar los huecos:

a. ¡Camarero! ¡Dos cañas, por favor! .... se las traigo.

b. ¡Es inadmisible! ¡Llega Vd. con media hora de ....!

c. Perdone. Le prometo que, ... , no volveré a llegar tarde.

d. .... entrevistarle, permítame que me presente.

e. ¿No se lo ha cruzado en el ascensor? ¡Si .... salir!

5 Di lo mismo empleando expresiones temporales sinónimas:

a. Han dejado de verse.

....

b. Conforme va creciendo, se va pareciendo más a su madre.

....

c. El cartero suele pasar a media mañana.

....

d. Casi siempre se levantan temprano.

....

e. Hacemos un balance al año.

....

6 Enlaza cada frase con lo que exprese:

a. De vez en cuando le llamamos.

b. Lo dijo riéndose.

c. Lleva una semana sin dar clase.

d. A continuación, pasaremos a la biblioteca.

e. Contestada la primera pregunta, vayamos con la siguiente.

1. *Simultaneidad.*
2. *Sucesión.*
3. *Posterioridad.*
4. *Frecuencia.*
5. *Duración.*

7 Transforma las frases del ejercicio 6 expresando las mismas ideas de otro modo:

a. ....

b. ....

c. ....

d. ....

e. ....

8 Continúa las series:

a. En la actualidad, hoy en día, ...

b. En un segundo, en un instante, ...

c. Nada más, así que, ...

d. En, al cabo de, ...

e. Para terminar, por último, ...

9 Corrige los errores:

a. Hoy por hoy, lo dejamos aquí.

....

b. Acto después, todos salieron del aula.

....

c. Estuve hablando con él antenoche.

....

d. No te preocupes, tienes tiempo de prepararlo todo, porque nunca llegan con adelantado.

....

e. Lo discutiremos después que se hayan ido.

....

10 Asocia las dos partes de estas frases resumiéndolas en una sola que precise el momento o la duración de la acción:

> Ej.: Son las 4.30. A las 5 empieza la corrida.
> ⟶ Falta media hora para que empiece la corrida.
> ⟶ La corrida empieza dentro de media hora.

a. Concha llegó a las 4. Enrique a las 4.15.

....

b. Llegó a la sala de espera a las 9. El médico la vio a las 9.30.

....

c. Se casaron en 1990. Se divorciaron en 1993.

....

d. Se montó en el tren a las 9 de la mañana. Bajó a las 8 de la tarde.

....

e. Se sacó el carnet de conducir en 1985. Estamos en 1994.

....

● ● ●

9 Localización en el espacio

1 **Continúa las series:**

a. Arriba, ...

b. Cerca, ...

c. Dentro, ...

d. Atrás, ...

2 **Escribe las series contrarias a las anteriores:**

a. ....   c. ....

b. ....   d. ....

3 **Contesta de 4 formas distintas a la pregunta:**

¿Has visto mi reloj? No lo encuentro.

a. .... tendrá que estar.   c. .... estará.

b. .... tendrá que estar.   d. .... estará.

4 **¿Con / Por / En? Completa este anuncio con la preposición adecuada:**

La Gran Vía de MADRID

Madrid tiene una Gran Vía que es la envidia de muchos. .... la que vienen y van gentes de todos los lugares.

Date una vuelta .... ella. Ya verás qué agradable es recorrerla .... el tren.

Tomarse un refresco mientras la gente, los pueblos, pasan .... delante de nosotros. Acércate .... ella hasta los alrededores.

Ciudades .... tradición e historia: Aranjuez, Ávila, Segovia, Sigüenza, Salamanca.

Viaja .... tren. Date un paseo .... la Gran Vía de Madrid.

Infórmate .... tu oficina más cercana de las ofertas especiales de RENFE.

RENFE. MEJORA TU TREN DE VIDA

5 **Lee esta información sobre Segovia y contesta a las preguntas:**

Los alrededores de Madrid: Segovia

A 86 km de Madrid. Antigua ciudad romana, su acueducto fue construido por Augusto y tiene una longitud de 16 km, siendo la parte visible de la ciudad la más famosa. La catedral de estilo gótico y tardío y el Alcázar del siglo XI, son dos de los principales monumentos de la capital.

A pocos kilómetros de la ciudad está el Palacio y Jardín Borbónico de la Granja de San Ildefonso.

Salidas de trenes: desde la estación de Atocha, cada hora.

a. ¿Dónde está Segovia con respecto a Madrid?

....

b. ¿Está muy lejos Segovia de Madrid?

....

c. Estás en Madrid. ¿Cómo y desde dónde puedes ir a Segovia?
....

d. ¿Pasa el acueducto por la ciudad de Segovia?
....

e. ¿Está el Palacio de la Granja en el centro de Segovia?
....

6 **Mira este plano de Madrid y contesta:**

a. ¿Dónde está el Parque del Retiro?
....

b. Llegas a la puerta de Alcalá y quieres ir a la Plaza de la Cibeles, ¿qué haces?
....

c. Una vez allí, ¿estás lejos del Paseo de la Castellana?
....

d. ¿Dónde está el Palacio Real?
....

e. ¿Y la Puerta del Sol, con respecto al Palacio Real?
....

7 ¿Verdadero o falso?:

Algunos parques y jardines de la capital

El Jardín Botánico, muy cerca del Retiro y del Observatorio Astronómico, en el paseo del Prado, fue inaugurado en 1871, y en la actualidad tiene más de treinta mil especies vegetales procedentes de todo el mundo.

Jardines de Sabatini, junto al Palacio Real, 21.000 metros cuadrados de zona verde entre Bailén y la Cuesta de San Vicente. Dibujos de jardinería, estatuas y fuentes.

Casa de Campo, el más extenso de los parques municipales, tiene carácter rústico forestal y 1.721 hectáreas. En su interior cuenta con varias instalaciones: parque de atracciones, zoológico, teleférico, polideportivo, un lago donde se puede pasear en barca y pescar, centro de convenciones y un auditorio.

	V	F
a. El Zoo de Madrid está fuera de la Casa de Campo.		
b. El Jardín Botánico está cercano al Retiro.		
c. Los Jardines de Sabatini están pegados al Palacio Real.		
d. Por el Paseo del Prado no se llega al Jardín Botánico.		
e. Hay un lago dentro de la Casa de Campo.		

8 Haz frases localizando los elementos dados en las posiciones indicadas:

> Ej.: (Lejanía) - Campo de fútbol ➠ El campo de fútbol está *en las afueras.*

a. (Proximidad) - Correos. ....

b. (Posición superior) - Santander. ....

c. (Posición superior) - Los niños. ....

d. (Posición exterior) - Pedro. ....

e. (Posición frontal) - La agencia. ....

9 Completa con la expresión adecuada:

a. ¡Venga, todos para ...., que hace mucho frío !

b. ¡No se detengan! ¡Sigan ....!

c. ¡Dejen pasar! ¡..., por favor, ...!

d. ¿Le importaría esperar .... un momento? Tengo que llamar por teléfono.

e. ¡Levántate, que se te va a hacer tarde! ¡Venga,...!

10 Corrige los errores:

a. Nos acercamos de Valladolid.

....

b. Eso está ahí lejos.

....

c. Mi despacho da en el exterior.

....

d. No dejes eso aquí, llévatelo en otro lado.

....

e. Fue un buen rato tras de ella.

....

10 Expresión de la cantidad

1 Formula todas las preguntas sobre cantidad que sean posibles acerca del siguiente texto:

Madrid

❑ 2 de mayo. Los 178 municipios de la Comunidad de Madrid y sus más de cinco millones de habitantes conmemoran la lucha del pueblo madrileño contra los franceses el 2 de mayo de 1808.

❑ En Madrid no se pone el sol: hay 10 Madrid en España, 22 en Latinoamérica, 9 en Estados Unidos, 1 en Filipinas y 1 en Francia.

❑ Hay más de 7.500 calles en Madrid ciudad. En hora punta entran en ellas 400.000 vehículos desde el área metropolitana.

❑ Un nombre poco común entre las madrileñas: *Madrid.* Hay dos vírgenes con ese nombre.

....
....
....
....
....

2 Establece los dos tipos de comparaciones pedidos entre las siguientes cantidades:

a. La velocidad media diaria de los coches es de 21,33 kilómetros por hora. En 1980 era de 54 kilómetros por hora.
  1. (Inferioridad) ....
  2. (Igualdad) ....

b. Se ponen 1.200.000 multas al año. De ésas sólo se pagan el 8%.
  1. (Superioridad) ....
  2. (Igualdad) ....

c. Los leones del Congreso tienen diferencias de peso. Uno pesa 2.668 kilos; el otro, 2.300.
  1. (Superioridad) ....
  2. (Igualdad) ....

3 Completa con la expresión de cantidad adecuada:

a. Hay .... madrileñas que se llamen *Madrid.*
b. ¡Qué .... multas se pagan en Madrid!
c. ¡ .... Madrid hay por el mundo!
d. Hay .... coches por las calles.
e. Los coches han reducido .... la velocidad.

4 Expresa de otras formas:

Madrid es una ciudad *antiquísima.*

a. ....
b. ....
c. ....
d. ....
e. ....

● ● ●

5 Fíjate en el modelo y da tú también consejos de moderación:

Ej.: Gastas mucho. ➡ No gastes *tanto*.

a. Sales muy poco. ....
b. Traes a demasiada gente a casa. ....
c. No te esfuerzas lo suficiente. ....
d. Te metes en muchos líos. ....
e. No seas tan ambicioso. ....

6 Di lo mismo de forma familiar:

a. Tiene *muchos* amigos. ....
b. Preparó *muchísima* comida. ....
c. Tu hijo es *muy* descarado. ....
d. Allí había *muchos* turistas. ....
e. ¡*Con tanta* ropa que tengo y no sé qué ponerme... ! ....

7 Haz ahora lo contrario. Expresa en lenguaje culto estas cantidades *familiares*:

a. No tengo *ni pizca de* gana de ir. ....
b. No había *ni un alma* por la calle. ....
c. Ese chico no tiene *un pelo de* tonto. ....
d. No me queda *ni una pizca* de sal. ....
e. Estoy un *pelín* resfriado. ....

8 ¿Qué tienen en común los siguientes términos?:

... Y tantos / .... Y pico / Cosa de / Poco más o menos / Todo lo más.

....
....

Inventa una frase con cada uno de ellos:

a. ....
d. ....
b. ....
e. ....
c. ....

9 Busca expresiones sinónimas a las señaladas para transformar las frases:

a. No hay asientos *ni para empezar*. ....
b. Serán veinte invitados *escasos*. ....
c. El traje está *medio* cosido. ....
d. Tengo que verlos a *los dos*. ....
e. La chica estaba *toda* preocupada. ....

10 Utiliza una expresión diferente para exclamar sobre la cantidad en cada frase:

a. Se puso muy celoso. ....
b. Hay demasiados papeles en el suelo. ....
c. Sabe muchas cosas. ....
d. Ha visitado muchos países. ....
e. Tiene mucha paciencia. ....